内蒙古财经大学学术文库
第一辑

内蒙古自治区
县域旅游区位条件分析
及旅游竞争力评价研究

Analysis on the location condition
of the country tourism economy lnner
Mongolia Autonomous Region
and the evaluation of tourism competitiveness

李文龙 / 著

经济管理出版社
ECONOMY & MANAGEMENT PUBLISHING HOUSE

图书在版编目（CIP）数据

内蒙古自治区县域旅游区位条件分析及旅游竞争力评价研究/李文龙著．—北京：经济管理出版社，2017.1

ISBN 978-7-5096-4191-0

Ⅰ.①内… Ⅱ.①李… Ⅲ.①县域—旅游业发展—研究—内蒙古 Ⅳ.①F592.726

中国版本图书馆 CIP 数据核字(2015)第 304063 号

组稿编辑：王光艳
责任编辑：赵晓静　许　兵
责任印制：黄章平
责任校对：王　淼

出版发行：经济管理出版社
（北京市海淀区北蜂窝 8 号中雅大厦 A 座 11 层　100038）
网　　址：www.E-mp.com.cn
电　　话：(010) 51915602
印　　刷：北京九州迅驰传媒文化有限公司
经　　销：新华书店
开　　本：720mm×1000mm/16
印　　张：11.25
字　　数：223 千字
版　　次：2017 年 1 月第 1 版　　2017 年 1 月第 1 次印刷
书　　号：ISBN 978-7-5096-4191-0
定　　价：48.00 元

前　言

20 世纪 90 年代以来，中国旅游业得到迅猛发展，县域作为中国行政体系的重要一环，蕴藏着相当大的旅游发展潜力。而且规模适当、功能完备的县域特点决定了县域旅游比较容易达到一定规模。只要县域旅游发展得当，无疑会有力地拉动地方经济的持续增长；在县域旅游业发展过程中旅游区位的优劣发挥着重要的作用，不仅能为县域旅游资源开发及旅游业发展规划提供依据，而且也是县域旅游业可持续发展的重要基础。

本书从旅游区位理论入手，系统阐述了区位、旅游区位及其相关理论，并对其进行了系统、全面的分析和阐述，确定了旅游区位的主要内涵及内容，其包括旅游资源区位、旅游交通区位、旅游市场区位、旅游经济区位四个方面；以此理论为基础，再结合对内蒙古自治区县域旅游区位分析与旅游竞争力评价的实例研究，来揭示旅游区位因素影响县域旅游业发展的机制，这是一个从理论到实践的研究过程。最后，通过对内蒙古自治区县域的旅游区位状况进行定性与定量分析，将旅游区位理论与样区实际状况相联系并加以应用，将内蒙古自治区县域竞争力分成四个等级。根据不同的等级，提出了相应的对策。这不仅为全面提升内蒙古自治区县域旅游竞争力奠定了理论基础，而且也为加快内蒙古自治区旅游业发展提供了一定的借鉴意义。

目　　录

第 1 章

绪　　论

1.1　选题背景与意义

1.1.1　选题背景

20 世纪 90 年代以来，世界旅游业得到迅猛发展，成为人们经济生活和文化生活中不可忽视的组成部分。县域旅游业近年来在我国也得到了迅速发展，这也是我国旅游业发展热潮的体现。随着旅游业的不断发展，县域旅游规划也逐渐得到了相关部门的重视。在县域旅游规划发展中，旅游区位的应用一直是旅游开发规划中的一个重要问题。区位研究一直以来是在地理学与经济学研究的范畴里，它是区域研究的重要内容。旅游业作为一个与地理学和经济学联系非常紧密的产业，对其区位因素的研究与分析，必然会深刻影响当地旅游业的发展。

县域旅游业的发展都是以一定区域条件为基础的，区域的区位条件状况在很大程度上会决定当地旅游业的发展。例如，县域内的旅游资源布局、交通优劣、经济发展快慢等区位因素，都影响县域旅游业的发展。具有区位优势的县往往能够得到快速发展。由此可见，旅游区位条件的不同影响着县域旅游业发展，旅游业的发展离不开对旅游区位的研究。

旅游区位的研究是以区位理论为基础的，区位理论的发展经历了传统的农业区位理论阶段、工业区位框架阶段，现阶段更注重研究的是交通运输区位理论、商业区位理论等。虽然区位理论在地理学家和经济学家的共同努力下取得了巨大的发展，但区位理论在旅游业中的研究显得有些不足，在旅游业中的应用更显得不足。究其原因主要是由于旅游业是一个综合性的产业，它所包含的因素较多

（吃、住、行、游、购、娱）。而研究者研究因素的角度不同，结论当然有所不同，也充分地反映出我国旅游区位的研究还处于初期，理论基础薄弱，并未形成科学的旅游区位理论体系，能否将旅游区位理论体系进行补充、发展与完善，并且成功地利用到旅游业发展中来，成为地区旅游业发展的一块基石，是尤为重要的一个课题。

1.1.2 选题意义

以旅游区位理论为研究基础，通过对旅游区位因素定性与定量的分析、总结与评价，确定出县域旅游发展竞争力等级，从而找出限制县域旅游发展竞争力的因素，提出对策与建议，从而提高县域旅游竞争力，促进县域旅游业的发展。而对内蒙古自治区县域旅游业发展的研究是对旅游区位因素定量与定性分析研究的应用，在对内蒙古自治区县域旅游竞争力的分析与评价的研究中，旅游区位因素的分析与研究是基础，结合区位理论在地理学及经济学中的应用，以期能提出符合内蒙古地区旅游发展的规划目标和发展建议，同时指出了相应的理论意义和实践意义。

1.1.2.1 理论意义

基于旅游区位的旅游竞争力评价就是通过对县域旅游的旅游区位因素综合分析，从而确定区域旅游竞争力的相对优劣进行等级划分。旅游竞争力评价与综合实力评价相比具有可持续性、潜在性和综合性的特征，它立足于旅游区域的发展现状，着眼于旅游区域的未来发展，是旅游区域综合实力、竞争能力和可持续发展能力的综合，对旅游区域旅游竞争力进行评价不仅将有助于揭示区域旅游整体结构特征，构建合理的旅游区域体系；在旅游区域资源有限的背景下，还对优化资源配置有着重要的理论意义。

（1）通过对旅游区位因素的分析与研究，认识旅游区位因素间相互作用的原理，揭示县域旅游空间合理布局结构，为县域旅游布局中的旅游因素集中与分散、过疏与过密、旅游增长与区域平衡发展，以及旅游区域与旅游区域之间的合作等问题的妥善解决提供决策依据。

（2）旅游区位因素是县域旅游发展的重要基础，通过旅游区位因素的定性与定量分析可以认清旅游区域旅游业发展的优劣势，为寻求旅游区域非优区位因子的补偿措施提供依据，并为不同区域旅游发展方向、旅游产品设计提供思路。

1.1.2.2 实践意义

（1）为内蒙古自治区旅游发展提供重要的依据。旅游区位因素的分析是内蒙古自治区县域（101 个旗、县、区）旅游业发展竞争力的基本分析，是确定其旅游业发展的依据，在实证研究中具有重要的作用与意义。本书通过建立内蒙古自治区县域旅游竞争力指标体系，全面分析、评估内蒙古自治区县域旅游发展水平差异状况，按照发展水平的高低以及特点，为划分县域旅游等级、确定县域旅游职能、提高县域旅游发展质量提供理论依据；为在区域范围内合理布局重点旅游区、科学配置旅游服务设施、合理利用旅游资源提供战略决策依据；从而促进内蒙古自治区旅游业健康、有序地发展。

（2）为内蒙古自治区旅游合理发展提出合理建议与对策。通过对旅游区位因素定性与定量的分析与评价，可以帮助确定内蒙古自治区旅游发展的优势与不足，本书在分析内蒙古自治区县域旅游竞争力的基础上，同时对内蒙古自治区县域旅游发展进行了潜力类型划分，对不同类型的旗、县、区旅游发展提出了建设性意见及战略性对策，为全面提升内蒙古自治区的旅游业发展奠定了理论基础，不仅为本区域旅游发展的布局、发展方向、发展规模、发展强度等提供依据，而且还可为旗、县、区旅游发展的内容、形式、方法及产品设计等提供思路。

1.2 国内外研究现状

1.2.1 国外研究现状

1826年德国经济学家杜能完成了《孤立国同农业和国民经济的关系》（以下简称《孤立国》）一书，创立了农业区位论①。1909年德国经济学家韦伯出版了《工业区位论：区位的纯理论》一书，从而创立了工业区位论②。1935年，瑞典经济学家帕兰德完成了学位论文《区位理论研究》③。1937年美国经济学家胡佛在研究制鞋和制革的基础上，完成了名著《区位理论与制鞋、制革工业》，之后又出版了更为全面的理论著作《经济活动的区位》④。1940年德国经济学家廖什提出了《区位经济学》。1956年格林哈特代表著作是《工厂的区位与实践》⑤。1933年德国地理学家克里斯塔勒提出“中心地学说”⑥，贝利和加里森论述了中

① Thunen JHVon. 孤立国同农业和国民经济的关系［M］. 吴衡康译. 北京：商务印书馆，1997.

② Weber A. 工业区位论［M］. 李刚剑等译. 北京：商务印书馆，1997.

③ Loseh A. 经济空间秩序［M］. 王守礼译. 北京：商务印书馆，1995.

④ Christaller W. 德国南部中心地原理［M］. 常正文，王兴中等译. 北京：商务印书馆，1998.

⑤ Berry B. J. L. Garriso The funetionalbasesoftheeentalplaeeierarehy ［A］. Eeonomie Geography ［C］. 2955. 145 -254.

⑥ 李小建等. 经济地理学［M］. 北京：高等教育出版社，1999.

心地的等级性、商品供给的范围和中心职能的形成过程①。1956 年美国经济学家艾萨德在《区域科学导论》、《工业综合体分析与区域发展》和《区域分析方法》等著作中，主张将“空间系统”作为区域经济的研究对象②。针对区位理论忽视人的因素的缺陷，史密斯提出将韦伯的空间费用曲线和廖什的空间收入曲线相结合，求出收入的空间边界③。1967 年普瑞德运用行为矩阵来研究区位论，强调决策者行为对区位布局的影响，并重视不完全信息和非最佳化行为对区位选择的作用。到了 20 世纪七八十年代，区位论研究的范围更加广泛，研究的成果更加精细，空间定价与产出理论、区位选择理论、空间竞争理论和空间均衡理论，构筑了现代区位论的基本框架。对发展中国家的旅游空间进行了研究。

综上所述，区位论的发展经历了古典区位论、近代区位论和现代区位论三个阶段；由微观、静态分析到宏观、动态分析，所涉及的产业部门也从早期的农业区位论、工业区位论，到中期的加工工业和商业，发展到探讨区域、城市和第三产业。区位理论在旅游中的应用主要集中在中后期，特别是后期对第三产业的应用中，旅游业中主要应用以下区位理论：

（1）20 世纪 50～60 年代，被称为“中心地理论之父”的克里斯塔勒研究了城市中心地和其周边旅游目的地的配置关系，认为“旅游必然会使边远区受惠，这种经济现象避开中心地，并避免工业的集中”④。

（2）在杜能的区位模型基础上，Trice（1958）等提出了一种衡量旅游吸引力的货币表达的模型。

（3）意大利学者马利奥得提出了“旅游吸引中心地理论”。

此外，日本学者对区位论在旅游开发规划中的应用进行了较深入的研究，发展成为较成熟的“观光立地论”（胁田武光，1995）。狄西和里格斯（美国）提出旅游吸引周围的同心影响带模式；齐瓦丁·乔威塞克（南斯拉夫）提出了中心地的腹地模式；美国旅游学家罗伯特·麦金托什从旅游业利润的地域范围出发，提出旅游推销的区域重点层次是位于旅游区周围的最大利润带。德国地理学家鲁彼特（Kruppert）和麦伊尔在《旅游移动的地理区位》一书中，也从旅游目的地与旅游市场间的距离关系探讨了旅游目的地的区位、规模和形态。

由此可见，旅游区位的研究是以农业区位理论、工业区位理论、交通运输区位理论、商业区位理论为基础。这与旅游业的开放性特点有关，对旅游区位的研

① Smith D. M. Industricalloeation：Aneeonomi. [M]. New York：John Wiley & Sons，1971.

② Pred A. Behaviourandloeation：Foundations forageogra Phieanddynlocation theory（Ⅰ）[D]. Loud：CWKGleerup，1967.

③ 洪开荣．空间经济学的理论发展［J］．经济地理，2002，22（1）：1－4.

④ 胁田武光．观光立地论［M］．大明堂，1995.

究要综合区域经济地理学、部门经济地理学、公司地理学等相关学科理论进行研究。

1.2.2 国内研究现状

我国最早是由北京大学杨吾扬教授（1985）将区位论引进中国的经济地理学研究，为区位论在经济地理学及其他学科方面的运用起到了积极的推动作用①。

王衍用（1991）提出“阴影区”理论，近距离的旅游资源雷同，导致了旅游资源的“减值效应”，提出（1999）区域联合开发，对资源重点、空间格局、市场方向、产品功能、最终目的等作统一设计，可以避免这种现象的发生②。

楚义芳（1992）在其博士论文《旅游的空间经济分析》中根据旅游区位因素的不同组合特点对旅游地进行了分类，把旅游地分为资源型、客源型（利用者趋向型）和混合型。陈耀华（1992）讨论了风景区开发建设中的区位因子问题。关发兰（1992）认为，旅游地的空间相互作用主要分为两种，即互补增强作用和抑制替代作用。骆静珊、陶犁（1993）对昆明区域旅游中心研究其独特的区位优势，指出昆明可建成区域旅游文化中心、会议和商贸旅游中心、旅游宣传和促销中心、游客聚散中心以及信息提供中心③。陶小平（1995）在研究区域旅游业布局模式时，讨论了区位论的应用问题。陆大道（1998）提出了空间组织过程中的“点轴结构模式”④。王瑛（1999）在其硕士论文中提出了旅游域的概念。汤力（1999）发现，只有处于都市中心商业区和城市边界门户区位的城市公园才具有较强的都市旅游功能。以上海为例，其城市公园旅游斑大都集中分布于 CBD 地区，在郊区则有多中心的环状旅游斑组合分布⑤。顾朝林等（1999）提出了旅游中心城市体系的概念⑥。闫永兵等（1999）对“旅游圈”概念进行了界定，并分析了旅游圈的特征、功能⑦。王瑛、王铮（2000）分析了传统农业区位论和工业区位论在旅游业中的适用性问题，提出不能一成不变地运用传统区位理论来解释旅游业的区位。李君轶（2001）指出，区位上的旅游空间竞争是由多个旅游地处于同一区域内而引起的，主要是同类旅游地之间的竞争，不同类型的旅游地处在

---

① 杨吾扬．区位论原理［M］．兰州：甘肃人民出版社，1989.

② 王衍用．区域旅游开发战略研究的理论与实践［J］．经济地理，1999，19（2）：116－119.

③ 骆静珊，陶犁．利用区位优势发挥昆明旅游中心城市功能［J］．旅游学刊，1993，8（6）：26－30.

④ 陆大道．区位论与区域研究方法［M］．北京：科学出版社，1988.

⑤ 吴必虎．区域旅游规划原理［M］．北京：中国旅游出版社，2001.

⑥ 顾朝林．中国城市地理［M］．商务印书馆，1999.

⑦ 闫永兵，李恒辉．关于旅游圈的理论探讨［J］．湘潭大学社会科学学报，1999（6）：135－137.

统一区域会产生互补作用；另外由于受旅游者空间行为的影响，也可产生竞争①。朱银娇、袁书琪（2005）分析了旅游各区位要素对旅游市场的影响，提出旅游是资源区位、客源区位和交通区位三者协调发展的互动关系体系，要着眼优化、发展②。张秉福（2006）对旅游非优区位要素进行了分析，提出要采取区位重构、资源整合以及交通网络优化等措施才能加快非优区位旅游地的开发建设③。

此外，刘伟强（1991），郑洁华（1991），陈耀华（1992），刘炯等（1994），何佳梅、陈传康（1995），周定一、周葆华（1995），陈俊鸿、宋军（1998）等地理学家也对区位旅游开发进行了分析。

综上所述，笔者对我国旅游区位理论的发展与应用的看法有以下几点：

（1）由于旅游业开放性特点，导致我国研究者对旅游区位理论的研究出发点各异。关于旅游区位理论的专门研究较少，大多与旅游区域合作相结合的应用类研究较多，从而造成旅游区位理论的研究还没有一套完整的体系。

（2）影响旅游发展的旅游区位因素是多方面的（如旅游资源、旅游交通、旅游市场等），不可能将某一因素看成是决定因素，也不能机械地套用其他区位理论，笔者所理解的旅游区位因素包括旅游资源区位、旅游市场区位、旅游交通区位、旅游经济区位。只有综合地对旅游区位进行研究才能建立专门的理论体系，为旅游学学科建设做出贡献。

---

① 李君轶．旅游地学研究重点及发展趋势分析［J］．山西师范大学继续教育学报，2001，18（4）：116－118.

② 禾银娇，袁书琪．区位要素对旅游市场的影响［J］．福建地理，2005年04期：6－8页。

③ 张秉福．旅游非优区位要素与开发分析［J］．贵州商业高等专科学校学报，2006（3）：135－137.

第2章

相关概念与理论基础

2.1 相关概念

旅游业与其他产业相比，有其自身的特殊性，如旅游活动具有综合性和特殊性，旅游业的关联性和广泛性比较强大。这就使旅游研究不单是一种学科研究，而是涉及众多学科，如数学、地理学、生态学、经济学、环境学、管理学等众多学科领域，这些相关学科理论与方法的应用和发展会对旅游学的研究和探讨提供一定的指导和借鉴意义。本书主要从区位论、旅游区位论、中心地理论、点一轴系统等理论方面入手，为研究旅游空间格局提供了分析的理论和一定的指导方法。

2.1.1 潜力

《汉语新词典》中“潜力”被解释为“潜在的力量”。由字义可见，潜力是一种隐藏在现实与表面之下的力量，是一种潜在的、非现实的能力，起着预测趋势、实现可能转化为现实的作用。“发展”是指事物由小变大、由简单变得复杂、由低级变成高级的过程。因此，发展潜力可理解为事物未来的发展潜能。学术界对潜力的研究涉及领域广泛，比如地区、产业、企业及资源等多个层面，不同学者也就其涉及的层面对“潜力”分别进行了相应的界定。

对“潜力”进行概念界定的文献为数不多，更多的学者在对潜力进行讨论之前并未给出一个清晰、明确的定义，通过对其研究路径的分析，研究者对潜力的理解可略见一斑。部分学者仅以定性的方式对其既定层面的潜力进行了分析，从供给、需求及供需对接实现的可能性几个方面探讨了潜力及发展愿景问题。高中奇在进行港口发展潜力研究时运用了生命周期理论，选取过去若干个点作为参考点，从纵向角度得到此时港口的相对综合资源利用率，从而在其发展轨迹的"S"型曲线准确定位，基于"S"型曲线的趋势从而掌握港口发展的潜力。吴凤娇等在判定海峡两岸贸易潜力时，导入经济模型，将由模型得到的预测值与现实值综合比较，判断潜力大小；大部分对地区利用外商直接投资（FDI）的潜力的研究均采用了联合国贸发会议（UNCTAD）提出的"潜力指数"评估方法，一个地区潜力指数值是一系列评价指标变量值的平均值，每个变量的分值计算如下：取一个地区一个变量的值，然后减去参与排名的地区中该变量的最小值，将得到的结果再除以这些地区中该变量的最大值和最小值之差。任永菊以"潜力指数"评价方法为基础，比较了我国各省市吸引跨国公司地区总部的潜力。

有学者从更微观的层面上对潜力进行了界定。

王惠芬（2003）定义了企业的潜力：企业潜力是指企业可预期的价值生产能力，是企业能为消费者带来的潜在效用和企业在市场空间中的内在发展趋势。企业的发展潜力不是存在于一个突然的革命性的创新活动中，而是存在于产生企业发展潜力并且持续改进的一系列经营活动中。也有文献以企业员工为研究对象，定义了绩效潜力。

Pringle（1994）认为，员工的绩效潜力包括高效完成工作的生理和认知的能力，包括技能、知识、经验、智力、身体状况、受教育水平、精力状况等。

Sarje（1996）提出，绩效潜力不仅包括个体在将来能够出色表现所需的技能，也包括对出色表现的期望。

姚慧娟（2007）认为，绩效潜力是指员工未来表现出某一绩效水平所具备的能力，它是可能达到的绩效水平的上限。

区域发展潜力是其中的研究热点。在以经济增长为主要内容和目标的发展观中，经济发展是区域发展的主要内容。

陈石俊（2003）等认为，经济发展潜力是指短缺要素得到正常利用时的产出能力……"短缺"要素和"正常"利用是该定义的两个关键词。所谓"短缺"要素，指在生产诸要素中供给相对最短缺的那种生产要素，对该要素的利用状况决定着经济潜在产出能力；所谓"正常"利用，是指生产要素在一段时间内平均利用状况，即生产设备等物资需要保养、维修，劳动者需要休息。

魏立桥（2004）把经济发展潜力理解为经济增长空间。

袁晓龙（2003）认为，一个国家的经济发展潜力主要取决于需求的潜力、生产要素的供给和成本，等等。

李善同（2003）等指出，从长期来看，经济增长的潜动力是由生产率、资本和劳动力在数量和质量上的提高及其使用效率决定的。

郭亚军（2002）提出，在区域发展潜力的含义中，潜力就是潜在的能力，发展指的是可持续发展。因此，发展潜力就是指系统未来的发展潜能。区域发展潜力是指区域复合系统一定区域的人口、资源、环境、社会、经济、科技和管理调控等子系统通过相互作用、相互影响、相互制约而构成的具有一定结构和功能的有机整体在维持可持续发展的前提下，其支撑体系所具有的潜在能力。也就是说，发展潜力是可持续发展的支撑体系所具有的潜力。

赵静（2006）认为，发展潜力是很多因素组成的一个大系统所产生的合力，这一合力主要分解为影响发展的外力和使得发展持续前进的动力，前者是发展的外因，后者是发展的内因，对于后者的把握可以使人们对发展的认识更加深入。发展潜力表现为可持续发展的总体能力，由可持续发展的五大部分能力构成，即生存支持能力、发展支持能力、环境支持能力、社会支持能力和智力支持能力，共同作用与综合作用所产生的“合力”来表达。

刘登魁（2006）以小城镇为研究主体，指出小城镇发展潜力是指小城镇在现状基础上能够支持未来城镇全面、协调、可持续发展的潜在能力。

任志儒（2006）研究了城市潜力，并将其定义为：城市潜力就是指城市在经济、社会、自然三方面保持可持续发展的能力以及可用来支持未来竞争和发展的资源空间的能力。

2.1.2 区位

“区位”一词源于德文的“standort”，是 1882 年由高次首次提出的（胁田武光，1983）。该词于 1886 年被译为英文“location”（刘世生、张文奎，1994）①。区位的主要含义是某事物占有的场所，具有位置、布局、分布、位置关系等方面的意义（李小建、李国平等，1999）②，并有被设计的内涵（杨吾扬、梁进社，1997）③。一般具有相对性、可比性和参照性（张守艳，2004）④。区位除解释为地域位置之外，还具有“使……放置于……位置”和“为……目的而标定……的地点”双重含义，与一般意义上的地理位置有着明显的区别⑤。区位是区域旅游经济的基本单元，也是地区发展旅游业需要考虑的重要因素。

区位理论（Location Theory）是说明和探讨地理空间对各种经济活动分布和区位的影响，研究生产力空间组织和生产的最佳布局的一种学说，即如何通过科

① 刘世生，张文奎，张文忠．区位论［M］．江苏教育出版社，1999.

② 李小建，李国平等．经济地理学［M］．高等教育出版社，1998.

③ 杨吾扬，梁进社．高等经济地理学［M］．北京大学出版社，1997.

④ 张守艳．区域旅游发展中的区位条件分析——以黑龙江省三江地区为例［J］．佳木斯大学社会科学学报，2004.

⑤ 陆大道．区位论与区域研究方法［M］．北京：科学出版社，1988.

学合理的布局使得生产能以较少的投入获得较大的收益，或者说区位论是一种研究人类活动的空间分布和空间组织优化的理论，在经济活动上表现得尤为突出①②。同时，区位理论也是旅游规划中的一个重要的基础理论，旅游规划的目标之一就是确定旅游业在空间上的科学合理的布局，而运用区位理论能帮助该地区寻找最优区位以满足地域因素约束而获得最优经济发展的决策方法。区位论已经成为工农业、交通运输业和商业等产业部门和城镇聚落规划及区域空间组织优化的共同理论。该理论也将成为构建区域旅游空间格局的实践依据之一。

2.1.3 区位理论分析

从区位理论思想的产生到现在，有关区位理论的研究已经有了近 300 年的历史。学者一般将区位理论的发展分为四个阶段：萌芽时期、古典理论时期、近代理论时期、现代理论时期。由静态分析发展为动态分析，由微观研究进展为宏观研究，由对一个部门或一种产业的研究发展为囊括第一产业、第二产业、第三产业的多个部门的研究。具体过程如下：

第一阶段：萌芽时期。在萌芽时期，学者们并没有将区位理论作为一个独立的理论进行专门研究，而是仅把它当作生产过程中的一个影响因素。随着研究的深入，一些古典经济学家开始对区位条件进行关注，这才使得人们逐渐认识到了区位的重要性，直到 19 世纪部分学者开始对区位理论进行专门的研究。

第二阶段：古典区位论。这一时期的区位论被称为静态区位论，属于微观研究阶段，因为开展的研究是在一定的假定前提下对影响企业生产力分布的某个或某方面因素做出抽象和孤立的分析，进行理论演绎，大多是在企业层面上进行，即分析的立足点基本局限于单个经济单位，如工厂企业的区位、港口区位、种植业区位的空间分布，目的是寻求一个静态的局部均衡模型，表达的是简单的生产、消费、决策之间的关系。

第三阶段：近代区位论。近代区位论的研究将贸易理论看作是区位论的一部分，研究的重点从生产布局的成本最小化转到了生产布局的市场范围最大化。尤其在第二次世界大战之后，随着社会经济的发展，学者们开始从区域的整体宏观角度出发，研究一般性的区域经济结构，考虑的因素更加复杂，并且在研究和分析过程中引入了大量的微观经济学的分析方法，对影响生产布局的各种因素应用数理统计等方法进行全面的综合分析，建立可用于实际的区域模型，发展成为动态区位论。这个时期的区位理论不再是只追求局部的均衡，而是追求整体宏观的平衡。

---

① 王衍用，曹诗图．旅游策划理论与实务［M］．北京：中国林业出版社，2008.

② 谢彦君．基础旅游学［M］．北京：中国旅游出版社，1999.

第四阶段：现代区位论。20世纪70年代以来，区位论的研究中引进了行为科学方法，把居住、采购、出行、娱乐、心理等因素也作为影响区位决策的重要因素。这一时期区位理论研究的特点主要表现在针对多种成本因素，这些因素既包括各种经济性成本要素，也包括其他的非经济性的成本要素，对其进行综合分析，借用大量的计量学的方法，使用数学模型对区位问题进行预测性的分析，以指导预定地区的未来发展规划。现代区位理论和区域分析的研究内容如下：一是集聚因素与集聚过程；二是市场地域结构与空间集聚关系；三是区域经济机构合理化；四是城镇和区域性基础设施的合理化发展与空间结构；五是人为现象的区域模型及地域系统等①。

区位论是关于区位的理论。区位理论是关于人类活动所占有场所的理论，它研究人类活动的空间选择及空间内人类活动的组合，主要探索人类活动的一般空间法则②。在人类活动中，有政治活动、文化活动、经济活动等，像这样的人类活动内容或实体，称为区位主体。它指区位中占有其场所的事物③。

综上所述，区位理论的研究已基本形成一套科学系统的理论体系，深入研究区位论对人类社会的生产活动具有重大意义。同时，从另一方面来看，区位理论的发展变化也体现着人类社会的发展。

2.1.4 区位理论在旅游的应用

随着区位研究的深入，其所涉及的产业部门从早期的第一产业、第二产业，发展到加工工业和商业，进而延伸到第三产业。由于社会经济的发展，人们的消费观念、活动的性质等都发生了巨大的变化。改革开放以后，我国第三产业中的旅游业得到了迅猛发展，这就使得旅游规模不断壮大，各级政府都开始重视旅游业的开发，这就必定涉及旅游空间布局和空间组织优化的问题，种种原因促使旅游业的发展也需要区位论的指导。其中大的突破始于旅游区位的三种指向（克劳森）和旅游业布局的五条原理（德福特）。因此，早期的区位理论就已经注意到旅游活动与区位空间的关系，就是旅游区位的研究。比较有代表性的旅游区位理论有以下几个方面。

（1）在杜能（Thnen）的区位模型基础上，Trice等（1958）提出了一种衡量旅游吸引力的货币表达模型。他们假设一个中心位置为旅游目的地，其周围不同距离分布着旅游客源地。从这些客源地前来中心目的地的旅游者的数量，与最

---

① 张辉．转型时期中国旅游产业环境、制度与模式研究［M］．北京：旅游教育出版社，2005.

② Schmidt - Renner G. 经济地理学基础理论（1961年）［M］．经济地理研究会译．东京：古今书院，1970（日文）．

③ 西岗久雄．经济地理分析（增补版）［M］．东京：古今书院，1986：21 - 52.

远的客源地的最大旅游成本和实际付出的旅游成本之间的差有关。基于此，旅游目的地的旅游总收益，应当等于所积累的消费剩余。设有 n（n = 1，2，3，…，N）个客源地，并依次认为区域 N 距目的地最远，那么目的地的收益 B 可以表示为：

$$B = (CN - C_n) \times R_n$$

式中，C_n(n = 1，2，3，…，N) 表示从位置 n 到中心目的地的相应旅游成本；而 R_n 为从地带 n 到达中心目的地的旅游者总数①。

（2）距离衰减法则。距离衰减法则认为，如果地理现象之间是相互作用的，则其作用力随距离的增加而减小。这一法则运用到旅游上，就可以表示为随着旅游目的地与客源地之间距离的增加，接待的游客在减少。这一法则可以用距离衰减曲线的形式来表示，如图 2 - 1 所示。

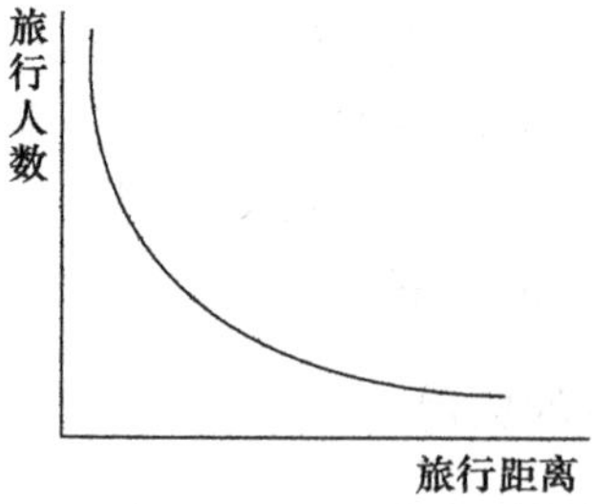

图 2 - 1　人数随距离衰减曲线

曲线的斜率说明目的地（设施）引力的大小。曲线越平缓，目的地在一定距离内对游客的引力越大，曲线下的面积与一定时间内到达目的地的旅行人数成正比。

（3）增长极理论。区域增长极理论是在法国经济学家佩鲁的增长极理论基础上发展起来的。20 世纪，佩鲁在《经济空间：理论的应用》中首次提出增长极理论，从而奠定了西方区域经济学中经济区域观念的基石。佩鲁认为，经济增长首先出现在具有创新能力的行业，它们常常聚集于经济空间的某些点上，于是形成了增长极。关于增长极的形成，至少需要三个条件，第一，在一个地区内存在具有创新能力的企业群体和企业家群体；第二，必须具备规模经济；第三，要有适宜经济发展的良好外部环境。所定义的增长极，是具有空间聚集特点的、推动性经济单位的集合体。经济的增长率首先发生在增长极上，然后向外扩散，影

① Triee A. H. et al. Measurementofreereationbenefits[J]. Land Eeonomies，1958：367 - 369.

响整个经济发展。后来，法国经济学家佩鲁继承和发展了增长极理论，将增长极概念引入地理空间上，他认为增长极是指在城市区配置不断扩大的工业综合体，并在起影响范围内引导经济活动的进一步发展，增长极在拥有推进型产业的复合体城镇中出现，这明确了两个要点：第一，增长极是经济空间上的某种推动型工业；第二，增长极是地理空间上产生集聚的城镇（即增长中心）。在该研究的影响下，20 世纪 80 年代起，学者们对增长极的研究开始沿部门（推动型产业）和空间（增长中心）两条主线展开。

区域增长极理论源于物理学的“磁极”概念，它可以是产业部门的，也可以是区域空间的，区域经济的发展主要依靠条件较好的少数地区和少数产业带动，应把少数区位条件好的地区和少数条件好的产业培育成经济增长极。增长极的特点是，第一，其地理空间表现为一定规模的城市；第二，必须存在推进性的主导工业部门和不断扩大的工业综合体；第三，具有扩散和回流效应。

关于综合增长极理论的观点，李小建认为，区域经济中的增长极是指具有推动性的主导产业和创新行业及其关联产业在地理空间上集聚而形成的经济中心；在产业发展方面，增长极通过与周围地区的经济技术联系而成为区域产业发展的组织核心；在空间上，增长极通过与周围地区的空间关系而成为支配经济活动空间分布与组合的重心；在物质形态上，增长极就是区域中的中心城市，由于区域的大小不一样，增长极存在规模等级之分。在区域发展中，一方面区域中的各种产业将以增长极为核心建立区域产业结构；另一方面，增长极的形成必然使空间出现不平衡。若新的增长极出现，那么，区域原有的空间结构与产业结构将变得更加复杂。不同规模等级的增长极相互连接，共同构成了区域经济的增长中心体系和空间结构的主体框架。

增长极在旅游业中的应用主要体现在区域旅游发展上，区域旅游的发展不是同步的，而是具有较好区位条件的旅游区域先发展起来，形成“磁极”。“磁极”形成“磁场”具有带动作用，能够帮助其他区域旅游发展起来，理论的中心思想是在区域旅游中，首先，要把旅游区位条件较好的地区培养成增长极，当增长极发展到一定阶段后会出现强烈的竞争和规模经济，这时就表现出明显的扩散效应，增长极会带动边缘区的发展，旅游产业空间布局会向周围扩散。

（4）极化—涓滴效应。Hirschman 在《不发达国家中的投资政策与“二元性”》中提出极化—涓滴效应学说，用来解释经济发达区域与欠发达区域间的经济相互作用与影响。为了方便说明，Hirschman 在研究中将经济相对发达区域称为“北方”，欠发达区域称为“南方”，他认为“北方”的增长将对“南方”产生不利和有利的作用，分别称为极化效应、涓滴效应。

极化效应主要表现为：第一，随着“北方”的发展，“南方”的劳动力、资金等要素向“北方”流动，从而削弱了“南方”的经济发展能力，导致其经济发展恶化。第二，在国内贸易中，“北方”由于经济水平相对较高，在市场竞争中处于有利地位，在进口方面，如果“北方”生产进口替代性产品，“南方”原来可以较低价格进口这些产品，现在不得不在高额关税保护下向“北方”购买；在出口方面，“南方”生产效率低，无法与“北方”竞争，导致出口衰退。第三，“南方”本可向“北方”输出初级产品，但如果“南方”的初级产品性能差或价格上涨，“北方”可能寻求进口，从而使“南方”的生产受到挤压。

涓滴效应主要体现为：第一，“北方”吸收“南方”劳动力，在一定程度上缓解了“南方”的就业压力，有利于“南方”解决失业问题。第二，在互补情况下，“北方”向“南方”购买商品和投资增加，会给“南方”带来发展的机会。第三，“北方”的先进技术、管理方式、思想观念、价值观念和行为方式等经济和社会方面的进步因素向“南方”涓滴，将对“南方”产生多方面推动作用。

Hirschman 的观点是，在区域发展中，涓滴效应将最终超过极化效应占据优势地位。“北方”的发展将长期带动“南方”的经济增长。“北方”发展将出现城市拥挤等环境问题，“南方”的落后则从国内市场需求上抑制了“北方”的经济扩张，国家经济发展将因“南方”的资源没有得到充分利用而受到损害。如果国家干预经济发展，加强“北方”的涓滴效应，促进“南方”发展，“北方”经济也将得到持续增长。

（5）“点—轴”开发理论。根据发展轴和克里斯泰勒的中心地理论，我国学者于 1984 年提出了“点—轴”系统理论。该理论认为，“点”是指区域中的各级中心城市，是一定区域内人口和产业集中的地方，有较强的经济吸引力和凝聚力。“轴”是连接点的各种线状基础设施，包括交通线、通信线路、供水供电线路等。线状基础设施经过的地带称为“轴线”地带，“轴线”地带可以是海岸线、江河沿岸、铁路干线、公路干线以及复合地带等。通过“点”、“轴”两要素的结合，点轴贯通，就形成点轴系统。在空间结构上，出现由点而轴，由轴到面的格局，呈现出一种立体结构和网格态势，对于信息的横向流动和经济的横向联系有较大的优越性。此外，它将有利于最大限度地实现资源的优化配置，避免资源的不合理流动，且有助于消除区域市场壁垒，促进全国统一市场的形成。

“点—轴”开发模式是增长极理论的延伸，从区域旅游发展的过程来看，旅游中心总是首先集中在少数具有较好的旅游区位条件地区，成斑点状分布。这种旅游中心既可称为区域旅游增长极，也是“点—轴”开发模式的点。随着旅游业的发展，旅游中心逐渐增加，点与点之间，相互连接起来就是旅游轴线。这种旅游轴线首先是为区域增长极服务的，但轴线一经形成，对旅游者具有吸引力，并产生新的增长点。旅游点轴贯通，就形成旅游点轴系统。在旅游规划布局时，应考虑开发一些旅游发展增长点，点与点之间要有一定的联结通道。在不断发展的过程中，使交通沿线一些次一级的旗（县、区）和旅游风景区、风景点也逐步发展起来，形成交通沿线的轴带发展，从而达到以点带线、以线带面的作用，带动整个地域的旅游发展①。

(6) 核心—边缘理论。边缘理论是1966年由弗里德曼（J. R. Fridemna）在他的学术著作《区域发展政策》（Regional Development Poliy）一书中正式提出的。1969年他在《极化发展理论》中，又进一步将“核心—边缘”这个具有鲜明特色的空间极化发展思想归纳为一种普遍适用的主要用于解释区际或城乡之间非均衡发展过程的理论模式。在旅游中的应用是任何一个旅游系统均可分解为不同属性的核心区和外围区。如何把多个互不关联、孤立发展的地区旅游系统，变成彼此联系、共同发展的区域旅游系统。对于区域旅游发展具有重要的意义。

(7) 旅游流理论。旅游流又称旅游客流。指旅游者借助交通工具从出发地到旅游目的地移动形成的客流。由旅游者、旅游节点（旅游地和客源地）和运输方式三要素构成。旅游流是旅游地理学早期研究的主要内容，包括：①旅游流的流向和强度；②旅游流的时空分布特征；③旅游流产生的动因；④旅游流的人口构成。旅游流研究是在大量统计和深入调查的基础上，采用经验判断和定量计算方法进行。其理论研究主要借用运输空间理论中的流动分析法进行模式化探讨，主要模式有引力模式、距离递减模式。最早的引力模式是参照牛顿的重力模型提出的，其公式如下：

$$I = P_1 \times P_2 / D$$

式中，I为流动性，P_1、P_2分别为两城市人口，D为两城市间距离。以后人们又引入多个参数，对此模型不断进行修改。此外，西方地理学家还致力于旅游流的解释模式、空间分布模式的研究，但多建立在假说前提下，故实用意义不大，而对探讨旅游流的研究方法做出了有益贡献。当今世界主要的旅游流发生于欧美之间、欧洲内部、北美内部、北美与加勒比海地区及北美与亚太地区，这种明显而稳定的旅游流不仅与优越的旅游资源条件有关，而且与社会经济发展水平、文化和政治联系及空间距离密切相关。旅游流的研究是制定旅游业发展规划、确定客源市场、制定对外宣传策略的重要依据。

(8) 旅游圈理论。旅游圈是为了获得最佳经济、社会和环境效益，以旅游资源为核心组成的具有一定地理范围的协作区域，是一定区域内各种旅游经济要素间相互联系、相互作用而形成的区域空间组织形式。旅游圈是旅游职能结构和

① 高卫国．关于旅游空间格局与旅游区位的思考［J］．思想战线，2001（3）：9-16.

地域空间结构的有机结合，是由各种要素构成的圈，以重叠交叉的方式，呈显性或隐性的状态存在。旅游圈的显性要素为地理、交通、区位条件等要素，而经济、文化、政治、历史等要素常以隐性、无形旅游圈的形式出现。而旅游圈是一个开放性的动态系统，具有辐射、扩散的动态特点。它既可以是区内的，也可以是跨区域的。旅游圈的发展过程一般需要经历离散态、聚集态、扩散态和成熟态等几种演变形态，最终会发展到圈内交通和通信联系网络化、旅游资源开发利用集约化、旅游经济发展均衡化、旅游接待规范化等成熟、稳定的状态①。

（9）旅游可持续发展理论。关于旅游可持续发展的概念，1996 年在由世界旅游组织、世界旅游理事会与地球理事会共同制定的《关于旅游业的 21 世纪议程——实现与环境相适应的可持续发展》的文件中提出：旅游可持续发展是在保护和增强未来机会的同时满足旅游者的需要。并进一步表征为：一要全方位保护好旅游资源、生态环境、社区文化环境，以资旅游业永续利用；二要处理好当代人需求与后代人需求的关系，使其都得到延续性和协调性满足，当代旅游产品开发不能损害后代人的利益；三要保障旅游业经济效益、社会效益和环境效益的高度统一②。概括起来有三个方面的实质含义：一是公平性，强调本代人的公平、代际间的公平以及公平分配有限的旅游资源，特别是公平分配不可更新的旅游资源，在未找到替代性资源以前尽可能地延长旅游资源的生命周期，避免不可更新资源过早枯竭。二是持续性，强调旅游资源的开发与旅游业的发展应在生态系统的承载能力之内，保持生态支持系统和生物多样性，保证可更新资源的持续利用性，同时使不可更新资源的消耗最小化。三是共同性，由于各国文化、历史和社会经济发展水平存在较大差别，旅游可持续发展的具体目标、政策措施和实施步骤不可能是唯一的，但是可持续发展作为全球发展的总目标所体现的公平性和持续性精神则是共同的③。

2.2 旅游区位

旅游区位理论研究始于 20 世纪 30 年代的西方，内容侧重为影响旅游场所因素的分析。旅游区位是研究旅游客源地、目的地和旅游交通的空间格局、地域组

---

① 中国生态旅游研讨会召开［N］. 中国旅游报，1995－3－16.

② 于正东，易必武. 湖南西部民族地区旅游支柱产业的发展途径［J］. 吉首大学学报（自然科学版），2003（4）：15－22.

③ 杨瑞霞. 我国县域旅游的规划与发展分析［J］. 商业经济，2004（12）：109－111.

织形式的相互关系及旅游场所位置与经济效益关系的理论。旅游区位是某一旅游地相对于其他旅游地的地理位置和空间关系，它对旅游地的开发方向、发展前景起着至关重要的作用。旅游区位应包括资源区位、客源区位和交通区位①。

旅游区位是通过旅游目的地与其客源地相互作用中的相关位置和交通可达性来体现的。旅游区位被看成是旅游目的地对其周围客源地的吸引和影响，或一个客源地对其周围旅游目的地的选择性与相对偏好。区位因素对旅游业的发展具有推动或制约作用，良好的区位条件和区位规划设计，能够吸引众多游客，推动旅游业的发展；相反，则制约着旅游业的发展。旅游区位划分为客源、资源、交通和认知区位四种②。

不同研究者对旅游区位的研究角度不同，故对概念的认知和旅游区位分析及旅游区位应用也各有不同。笔者认为，旅游活动离不开以旅游资源为依托，所以旅游资源区位是构成旅游区位要素之一。旅游活动构成的三要素为旅游主体、旅游客体、旅游交通，因此，旅游区位中旅游市场区位、旅游交通区位必不可少。又因为旅游活动本身是经济活动，所以社会经济区位也是旅游区位构成之一。

综上所述，可以把旅游区位理解为旅游资源区位、旅游市场区位、旅游交通区位、旅游社会经济区位，如图 2 - 2 所示。

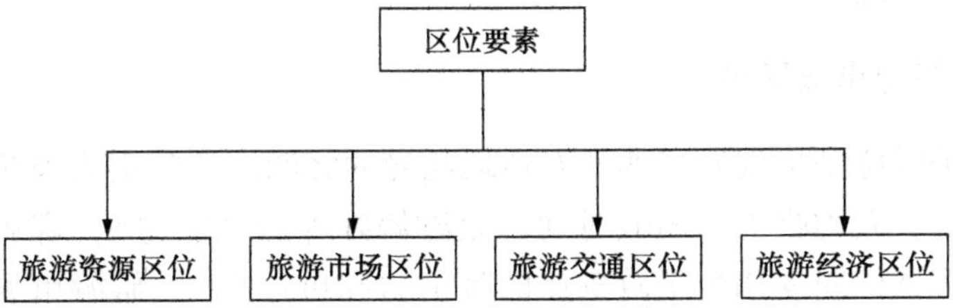

图 2 - 2　旅游区位因素

2.2.1　旅游资源区位

旅游资源区位是指一种旅游资源在空间位置上与邻近区域旅游资源的组配关系和相对价值③。旅游资源区位是从旅游区断面看待旅游资源及景点对周围客源

① 郭鲁芳．县域旅游经济制度变迁的实证分析——以杭州地区二县市为例［J］．旅游学刊，2004，19（2）：22 - 25.

② 唐代剑．论县域旅游形象定位及旅游产业发展——以浙江宁海为例［J］．商业经济与管理，2005（1）：76 - 79.

③ 李承宗，蓝甲云．对发展湖南县域旅游文化产业的思考［J］．财经理论与实践，2003，24（124）：70 - 72.

市场的吸引力及相对价值①。某一旅游目的地的旅游业能否兴旺及兴旺的程度，不仅取决于资源的绝对价值，更取决于资源的相对价值，即该地在空间位置中与邻近区域资源的组合与替代关系。旅游资源间的空间相互作用可分为两种，即互补增强作用和抑制替代作用。在同一等级旅游资源之间这种作用是相互的，在不同等级旅游目的地之间，其作用是单向的，表现为上一等级作用于下一等级②，如表 2－1 所示。

表 2－1 旅游资源区位相互作用关系

旅游资源区位类型	同	异
旅游资源区位等级同	互补关系	替代关系
旅游资源区位等级异	单补关系（高级对低级）	单补关系（高级对低级）

旅游目的地之间的互补增强作用，无疑会相互促进其旅游事业的发展，而目的地之间的抑制替代作用会影响到期间市场机会的重新分配。所以说，只有当消费者感受到某旅游产品有独特性、不可替代性时，或其他旅游产品因社会经济状况及主观方面原因限制而无法得到时，该旅游目的地的吸引力才是强劲的，才会推动游客前往该地旅游③。

2.2.2 旅游市场区位

旅游市场区位是指旅游目的地对地域相异的客源层的吸引力及出游能力，还包括人口密度、人均收入、闲暇时间、旅游偏好等综合能力④。客源市场区位是从客源地断面看待周围几个旅游景点的吸引力和可达性⑤。旅游市场区位是客源市场形成的必要条件，客源市场是旅游资源开发利用的出发点和目的地。因为我国的人口分布和经济发展都存在着巨大的地域差异，所以，就我国而言，东部、南部沿海区域出游概率明显高于中西部地区。并且旅游商品与一般商品销售不同，其销售一般情况下只能在旅游资源所在地进行，必须依靠旅游者自行前来消费才能实现旅游经济的运转，而游客出游的空间上具有显著的距离衰减规律，如何成功地建立旅游客源市场对于地区旅游业的发展是至关重要的。

---

①② 黄玲. 论县域旅游发展的文化创新［J］. 湖南省社会主义学院学报，2004（4）：49－51.

③ 石朝平. 完善县域旅游发展规划的途径［J］. 旅游科学，2000（4）：13－15.

④ 孙玉琴. 江西县域旅游业发展中存在的问题及对策［J］. 江西社会科学，2001（12）：218－220.

⑤ 田勇. 江西县域旅游业战略发展取向研究［J］. 江西行政学院学报，2001，3（4）：50－51.

2.2.3　旅游交通区位

旅游交通区位指旅游目的地的地理位置、交通条件及与周围旅游地的关系①。交通区位是区域在交通大格局中的位置、客源地到旅游区的空间距离及可达程度②。旅游交通区位反映了在客源地与旅游区之间的地理空间距离约束下发生相互作用的机会和程度③。它规定了旅游目的地所在区域的可进入性，并且影响到其开发的时间、规模、层次、市场指向、旅游线路的设计及接待设施建设的水平与规模，是评价旅游目的地开发条件的重要因素。特别是在旅游市场和余暇时间有限的情况下，旅游交通费用在旅游开支中所占的比例，以及旅游目的地和旅游客源地之间的距离远近，直接影响旅游者对旅游目的地的选择。

2.2.4　旅游经济区位

社会经济区位指产业、企业或者其他经济组织经济活动最适合的空间位置，是关于经济过程的一种相对区位。社会经济区位既与旅游地区的社会经济发展水平状况有关，又和客源地的社会经济发展水平状况有关。社会经济发展水平主要在收入与消费两方面影响区域旅游业的发展，是旅游业发展的重要外部条件。

2.3　区域旅游发展模式的类型

2.3.1　区域旅游

区域旅游是用来描述旅游及旅游业状况的一种提法，它是客观存在的一种旅游现象和旅游特征，成为近年来的研究热点。

李明德（1999）认为，不能仅从地域或行政区划的角度认识区域旅游，而应该更多地从旅游资源的优势互补、文化色彩极浓的整体营销、旅游业的规模效益、区域总体竞争能力、协调发展的经济结构以及促进社区经济繁荣、文化进步等更广的角度和更大的范围来重新认识区域旅游。

涂人猛（1994）认为，区域旅游是指特定空间存在的旅游活动及其经济关系

---

① 张干．用旅游带动县域经济的大发展——武隆县旅游发展的新思路［J］．农村经济，2002（12）：62－64.

② 徐飞雄，刘娟．论我国县域旅游经济合作［J］．衡阳师范学院学报，2005（3）：120－123.

③ 田道勇．浅谈旅游可持续发展［J］．人文地理，1996，11（2）：12－15.

的总和，并认为资源、市场、经济发展水平等在地区间的差异性和联系性以及交通联系上的便利性和通达性是区域旅游形成的基础，区域旅游系统内各要素之间发生的共生效应、互补效应、整体效应是区域旅游形成和发展的动力机制。涂人猛并对区域旅游发展应遵循的原则及发展模式进行了总结。

郑耀星（1999）认为，区域旅游在不同的场合有不同的含义，从国内旅游管理的角度、旅游产品的内容角度、地区旅游发展阶段的角度分别提出了对区域旅游的认识，并认为区域旅游由于跨越了行政区域而进行，加强区域旅游合作以打破地方局限性是切实必要的。

魏小安（1999）认为，区域旅游的发展是旅游根本性的特点之一，区域旅游主要有地域邻近的区域旅游和产品串联的区域旅游两种模式。

薛莹（2001）则认为，区域旅游应是依据旅游经济活动的自然联系而构成的旅游层次，是在市场作用下，以分工、交换、协作方式形成的联系相对紧密的旅游要素集中群，区域旅游是带有该区域特点的特色旅游，具有地理共同性及资源或旅游经济结构上的相似性，它们可以拥有共同的资源，也可以有较接近的文化背景，或类似的旅游产品形式。

根据旅游活动的特点和现代旅游发展趋势，结合相关研究结论，本书认为，区域旅游是用来描述、分析旅游活动和区域现象的特定术语，是在具有确定意义的“区域”内发生的一种综合性的社会、经济和文化现象。区域旅游是比较抽象的、概括的表述，当表达区域经济现象时，区域旅游经济或区域旅游业更为确切；当表述区域社会文化现象时，区域旅游更为贴切。区域旅游的含义十分丰富，包括区域旅游资源分布、区域旅游产品结构和产业结构、区域旅游经济水平和竞争力、区域旅游文化、区域旅游形象、区域旅游组织和管理、区域旅游分销等，其中的每一部分都成为区域旅游研究的对象和内容。

2.3.2 区域旅游发展类型

（1）增长极模式。区域旅游的发展不是同步的，而是具有较好区位条件的旅游区域先发展起来，形成“磁极”。“磁极”形成“磁场”具有带动作用，能够帮助其他区域的旅游发展起来，理论的中心思想是，在区域旅游中先要把旅游区位条件较好的地区培养成增长极。

（2）节点推动模式。节点是由点、线区位要素结合而成的实体。在旅游区域开发中则形成节点状旅游区，节点状旅游区的开发要综合发展，此类区域一般来说发展相对容易，因为资源组合好。

（3）带状开发模式。旅游资源点的形成具有辐射作用。多个旅游资源点相互作用形成旅游资源线，旅游资源线相互作用形成带状旅游区域。中间多由交通干线相连接。

（4）网状扩散模式。网状扩散发展模式是在点状开发模式与带状开发模式基础之上形成的旅游发展模式。

（5）块状发展模式。块状发展模式是在网状发展模式基础之上发展起来的。块状发展模式是在区域经济和旅游业较为发达地区出现的。

由上述可知，区域空间旅游布局的发展是，先由旅游资源点形成旅游增长极、节点旅游区、带状旅游区、网状旅游区，最后形成块状旅游区。旅游空间布局的选择并不是随意的，而是在旅游区域空间布局理论基础的指导下和影响旅游空间布局的区位因素的作用下，规划工作者依据实际情况做出的优化选择，这其中旅游区位理论发挥了它应有的贡献，为旅游布局提供了理论基础①。

2.3.3 区域旅游业竞争力

学术界对旅游业竞争力的研究由来已久。迄今，学者们分别对国家、地区、产业、企业等不同层面上的“竞争力”进行过界定，但定义并不一致，表述也千差万别，这也导致了其概念的模糊性和使用中的某些混乱。国外学者对旅游业竞争力的研究多以目的地为对象，给出了旅游业竞争力的不同定义。

D. Hartserre A.（2000）将旅游业竞争力界定为：旅游目的地是保持其市场地位和份额以及随着时间而不断提高市场地位与占有更大市场份额的能力。

Hassan（2000）则将旅游竞争力定义为：旅游目的地是保持相对于竞争者的市场地位，创造并整合能维持旅游目的地资源可持续使用的增值产品的能力。

Buhalis（2000）认为：旅游目的地竞争力还应当包括当地资源的可持续发展能力，以保证该目的地获得长期优势并使各利益相关者公平地获得回报的能力。

除了从目的地角度，Pearce（1997）从方法论角度将旅游目的地竞争力定义为：在旅游规划框架下，能够系统地分析和比较处于竞争中的各旅游目的地不同特征的评价技术和方法。

Dwyer、Forsyth和Rao（2000）认为，旅游竞争力是一个综合概念，它包括价格的差异加上汇率变动、旅游业各组成部分的生产力水平和影响旅游业吸引力的定性因素，尤其是影响旅游目的地吸引力的定性因素。

Ritchie和Crouch（2000）从产业发展的角度对旅游业竞争力另有高见：一个国家提高管理资产、生产过程、吸引物、侵略性和亲和力，并将它们之间的关系融入经济和社会模式中，创造增加值，并为国家带来财富增加的能力。

另外一些学者则回避了具体的定义之争，而更多地进行旅游业竞争力的实证

① 刘丽梅．旅游业发展的区位理论探讨［J］．内蒙古财经学院学报，2003（1）：15－18.

分析。我国旅游业竞争力的研究起步较晚，但发展很快，旅游竞争力研究一度成为研究热点。早期的旅游产业竞争力概念大多基于旅游资源角度，之后涉及国家、城市、区域、产业以及企业等层面。与国外同行类似，我国的研究者多数着重于实证分析，只有为数不多的学者对其定义进行了比较深入的探讨。

张清明、刘超（2000）较直接地涉及了旅游竞争力本身，认为旅游产业竞争力是通过企业在国际市场上销售的旅游产品所表现出来的生产力，表现为旅游产品所具有的开拓市场、占据市场并以此获得盈利的能力。

陈建斌（2001）认为，区域旅游竞争力是指由区域的社会、政治、经济、文化、环境等因素的综合水平与区域内旅游业相互作用所决定的旅游竞争力，该定义谈到了旅游竞争力的诸影响因素，但似乎并未定义旅游竞争力本身。

张陆等（2002）界定旅游区域竞争力：旅游区域所具有的在旅游资源禀赋、政府对旅游业的政策支持、旅游环境建设和市场开拓等方面，与其他地区相比具有竞争优势的综合能力与素质。

潘建民、黄进则（2004）认为，旅游城市的竞争力就是指旅游城市借助于自身的旅游资源，提供符合实际的经济、文化和制度环境，吸收、利用和配置各种促进城市旅游产业发展的资源的能力。

卞显红（2005）认为，旅游目的地竞争力是：某目的地能获得高于同类目的地的市场占有率、增长率及盈利的能力，以及如把相同的投资机会用于其他产业，旅游目的地与其相比也能获得高于它们的平均盈利水平的能力。

张争胜、周永章（2005）认为，城市旅游竞争力是城市利用自身的旅游资源优势和各种机会，组织旅游部门和旅游企业，制定经营管理策略，开拓国内外旅游市场的能力。

于立新（2007）认为，城市旅游业竞争力是一个城市在与竞争对手争夺旅游客源市场时所体现的相对优势，这种相对优势能使该城市的旅游产业获得可持续的盈利能力，并帮助该城市取得可持续的发展。

通过对旅游业竞争力有关概念的分析可以发现，研究者所共有的由内而外的研究思路，具体地讲是区域旅游业所具有的一系列有形和无形的资源性要素构成了竞争力形成的内在基础，由此而产生的外化的产能和综合效能构成了竞争力的现实表现，而存在于内在基础和现实表现之间的则是区域旅游产业组织效能。因而，区域旅游业竞争力是区域旅游业通过其内部各种因素的有机联系和相互作用而在市场竞争中表现出绩效优势的一种系统能力。

2.3.4 区域旅游业发展潜力

根据笔者所掌握的文献资料，不同学者就其研究层面对“旅游业发展潜力”

概念或类似概念进行过多种界定。结合地区、产业、企业及资源等多个层面更广泛研究领域中对潜力概念的界定，可以归纳出学术界对这一概念初步形成了“差距说”和“支持保障说”两种观点。“差距说”着眼于未来理想的、临界的发展空间，强调潜力是所掌握的资源得到最优配置时能实现的理想水平与实际水平之间的差距（马勇、董观志，1997；陈石俊，2003；袁晓龙，2003；魏立桥，2007；吴凤娇，2007），如马勇、董观志认为，区域旅游持续发展潜力是一定时期内由区域环境所限制的、社会经济所支持的、旅游资源所能达到的供应极限总量；“支持保障说”着眼于未来的发展能力，强调潜力即是现有的、能够保障未来发展的各项资源及其他要素的总和，是对现有各项要素所起到的支持和保障作用的综合评价，即“支持保障力”（郭亚军，2002；王惠芬，2003；赵静，2006；任志儒，2006；杨敏，2006）。如杨敏将旅游产业潜力定义为，旅游产业在发展过程中所体现出的潜在的、在一定要素的刺激下能够发挥出来并能促进旅游产业持续发展的能力。

易银飞（2007）认为，区域旅游业发展潜力是区域旅游业与区域经济、政策、环境、科技等因素相互作用而形成的系统整体在发展旅游业的过程中所具有的潜在自身能力。

曹新向（2007）将旅游业发展潜力界定为：旅游业在发展过程中所体现出来的潜在的、在一定条件的刺激下能够发挥出来并能促进旅游业持续发展的能力，它是衡量区域旅游产业发展前景和后续能力的一种综合测度。

王兆峰（2008）认为，区域旅游产业发展潜力是指在一定区域内、一定要素的刺激下，旅游产业在其发展过程中所体现出的潜在的、能够发挥出来并能促进旅游产业持续发展的能力。

于秋阳（2009）认为，旅游产业发展潜力即现有的旅游产业资源在各种内外环境因素的影响和作用下，逐渐积累而成的一种潜在能力，这一能力是一种隐藏在产业内部、由产业内一系列隐性因素所构成，通过一定条件的刺激能够在未来得以发挥的能力，并强调它实际上是未来的竞争力和发展力的积累阶段，也是对产业未来的竞争力和发展力的支持与保障。

丁建军、朱群慧（2012）认为，上述两种观点事实上是“各有侧重、互为补充”，并试图将这两种观点结合起来，将旅游产业发展潜力界定为，区域旅游产业改善自身现有生产要素非正常使用以及刺激区域内与旅游产业相关的其他要素转化、促进和支撑旅游产业可持续发展的能力。

本书认为，要完整、清晰地把握旅游产业潜力的内涵，必须同时结合旅游业的自身特点。旅游业的强敏感性、强关联性、强脆弱性等特点决定了其发展除了自身资源条件这一基础外，还在很大程度上要受到关联行业和诸多内外部环境甚至不可控因素的影响；旅游业的系统性则决定了其发展潜力是一个综合了各种因素的复合系统在一段时期内的表现，而绝非某个时点上的表现，它是对旅游业发展后续能力和前景的一种综合测度。基于上述观点与视角，本书将区域旅游产业发展潜力界定如下：区域旅游产业发展潜力是一定时期内区域现有的旅游产业资源在各种内外相关因素作用和影响下，而形成的一种可能在未来得以发挥的潜在能力。这一能力是区域旅游业未来竞争力和发展力的源泉。

2.3.5 旅游业发展潜力与旅游业竞争力的关系

旅游业发展潜力和旅游业竞争力是两个平行而相对的概念，二者之间既相互区别又相互联系。

首先，旅游业发展潜力和旅游业竞争力在内涵、大小及研究数据的采集上都有区别。前者反映的是旅游业在发展过程中体现的发展壮大能力以及后续的发展能力，它的大小显示着旅游业将来的成长空间和发展前景；而后者是旅游业在争夺旅游客源市场和产业发展要素以及获取产业增长动力的市场竞争中表现出的现实能力，其大小是区域旅游业发展现状的直接体现。两者的大小并非绝对的对等。发展潜力很大的地区可能竞争力很弱，需要努力去培养竞争力以发挥潜在的竞争优势，竞争力强的地区有可能已经进入其生命周期的衰落期，未来的发展空间已经非常有限，发展潜力自然也就很小。

虽然学术界对这两个方面进行定量研究的方法和程度几乎相同，但在数据采集上有严格区分，发展潜力侧重于动态发展过程的分析，需要采集动态数据指标或以某个未来时期为节点的预测数据，而竞争力注重静态分析，通常是采集数据来测评竞争力。

除了上述的区别，二者之间还存在着紧密的联系。一方面，旅游产业潜力可以成为未来的旅游业竞争力。潜力是一种可能，只要提升或克服限制因素、积极优化优势因素，以及通过因素的均衡发展，使潜力得到完全的发挥与实现，那么潜力就变成了未来现实的竞争力。即使潜力不能完全发挥，对于潜力的预测与分析，也可以明确产业发展的强项与弱项，从而有针对性地提升各影响因素的实力，极大地增强未来的竞争力（王琼英、冯学钢，2008）。另一方面，旅游业竞争力是影响旅游业潜力大小的重要起点。竞争力反映了各影响因素的发展状况，是衡量旅游业发展潜力的现实基准。正是因为旅游业发展潜力与竞争力之间有如此联系，所以在研究旅游业发展潜力时无法彻底剥离提升旅游产业竞争力这一最终目的。

2.4　区域旅游发展相关理论

2.4.1　旅游系统论

1972 年，Cunn 就提出了旅游功能系统模型，后由 Mill（1985）、吴必虎（1998）等再次进行了修正、补充研究。在旅游功能系统模型分析中，Cunn 本人也在 2002 年发表著作时进一步修订了之前的模型。

Cunn（1972）在旅游系统模型（图 2－3）中认为，需求面与供给面相互作用构成了旅游系统，需求层面主要包含旅游者因素，供给层面主要包括吸引物、交通、服务、信息与促销等因素，并且强调服务在旅游目的地发展中的作用。2002 年 Cunn 在 1972 年提出的模型基础上提出的模型（图 2－4）进一步阐明了旅游系统的本质关系（即供给与需求的关系）。尤其是在供给层面，突出了吸引物、交通、服务、信息、促销之间的相互依存关系，Cunn 认为，在这些因素的共同作用下，才能提供满足市场需求的旅游产品。

（1）Cunn 旅游功能系统模型。

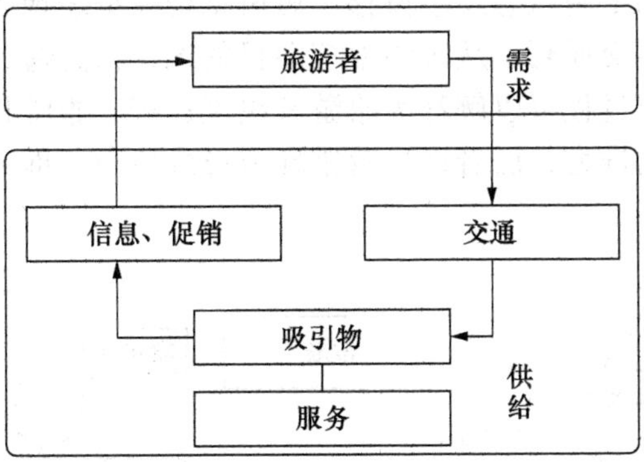

图 2－3　Cunn（1972）旅游系统模型

资料来源：C. A. Cunn. Vacationscape：Designing Tourions（Dissertation）[M]. Austen：Unity，1998.

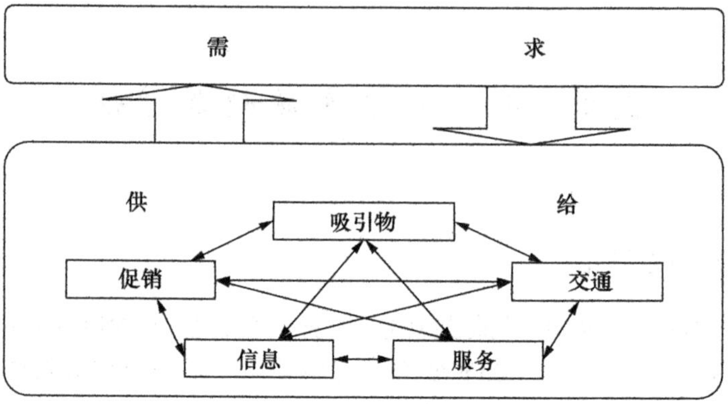

图 2-4 Cunn（2002）旅游系统模型

资料来源：C. A. Cunn. Vacationscape：Basics，Coneepts，Casec［M］. New：Psychology Press，2002.

（2）Mill 旅游功能系统模型。Mill（1985）从营销角度将同一空间中功能互补的吸引物、服务要素合并为旅游目的地要素，在他们设计的模型（图 2-5）中，营销、市场、旅游行为、旅游目的地（吸引物与服务）构成了旅游系统运行的要素，各要素共同作用、相互依赖、相互影响，其中任一要素的变化都将引起其他要素变化，若旅游者偏好发生变化或旅行成本发生变化将使旅游决策行为发生变化，旅游目的地出现新的吸引物、新服务项目或开展了新的促销活动，都将使旅游系统原有的平衡状态发生偏移。旅游系统模型表现为旅游者与旅游信息的流动，旅游者通过交通廊道从客源地流向目的地，信息通过营销媒介从目的地流向客源地。这两个过程可以解释为旅游者决策过程、旅游目的地营销过程。前者通过交通环节形成推力，后者通过营销环节形成拉力，推力与拉力共同作用实现旅游系统的运转。

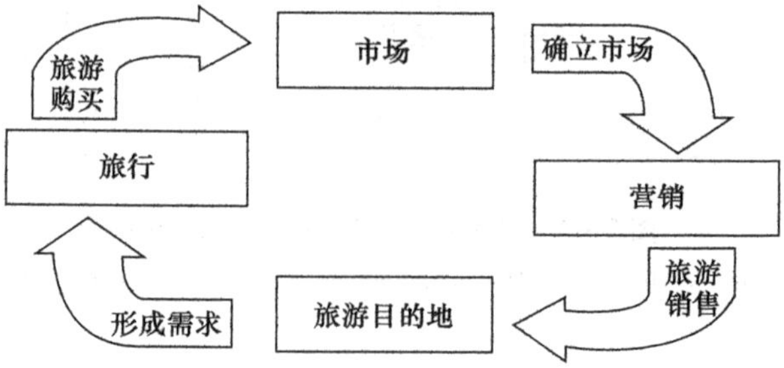

图 2-5 Mill（1992）旅游系统模型

资料来源：R. C. Mill，A. M. Morrison. The Tourism System［M］. Dubuque：Kendall Hunt，2002.

（3）吴必虎旅游功能系统模型。吴必虎在 Cunn、Mill 的模型框架基础上，提出了旅游功能系统模型（图 2－6），根据旅游功能分工，旅游系统主要分为支持系统、客源市场系统、目的地系统与出行系统。吴必虎将交通与营销合并称为“出行子系统”，同时增加支持系统，强调政策、人和环境等因素的作用。

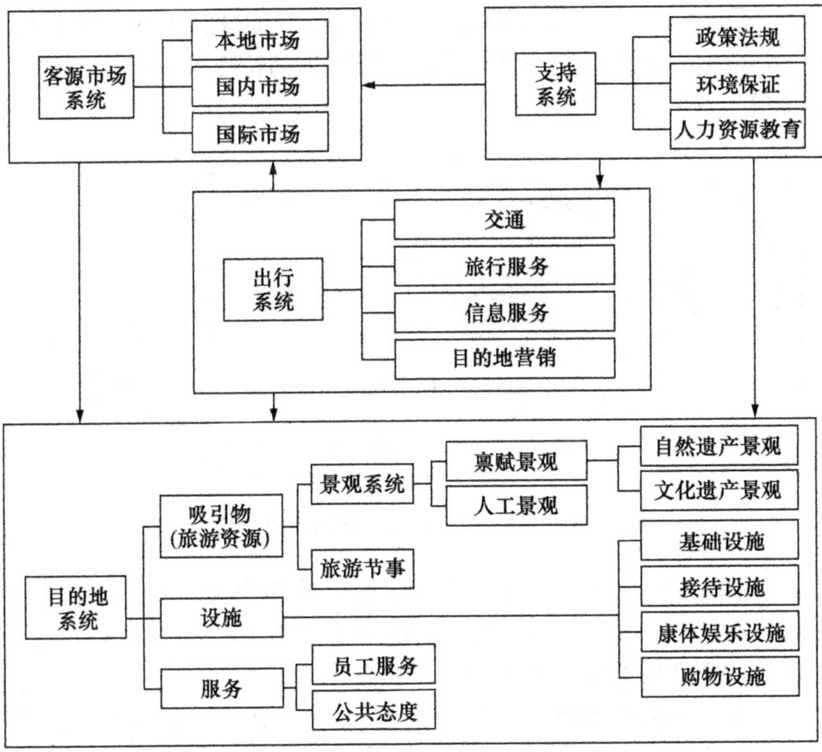

图 2－6　吴必虎（1998）旅游系统模型

资料来源：吴必虎．旅游系统：对旅游活动、旅游科学的一种解释［J］旅游学刊，1998，13（1）：21－25.

2.4.2　旅游地域系统模型

（1）Leiper 旅游地域系统模型。Leiper（1979）运用系统论观点定义了“旅游”，建立了 O—D（旅游客源地—目的地）系统模型（图 2－7），即认为旅游系统是客源地与目的地及其相连的旅游通道构成的空间系统，并以此为基础来分析旅游活动涉及的各类环境因素。旅游系统模型受到广泛关注和使用，该模型包括旅游客源地、旅游目的地、旅游通道、旅游者、旅游业和环境要素。将空间维度引入旅游功能系统中，重点突出了客源地、目的地和旅游通道三个空间要素，把旅游系统描述为由旅游通道连接的客源地和目的地的组合。旅游客源地是旅游者居住及旅行的始发地，旅游目的地是吸引旅游者作短暂停留、进行观光度假的地方，旅游通道将客源地与目的地连接起来，通道既指帮助旅游者实现空间移动的媒介与载体，也包括某些旅游者参观的地点，根据旅游系统组成部分的功能特点，旅游通道同时也是一条信息通道，市场需求信息自客源地流向目的地，同时，旅游促销信息从目的地流向客源地。旅游通道的特点及效率还会影响和改变旅游流的规模与方向。

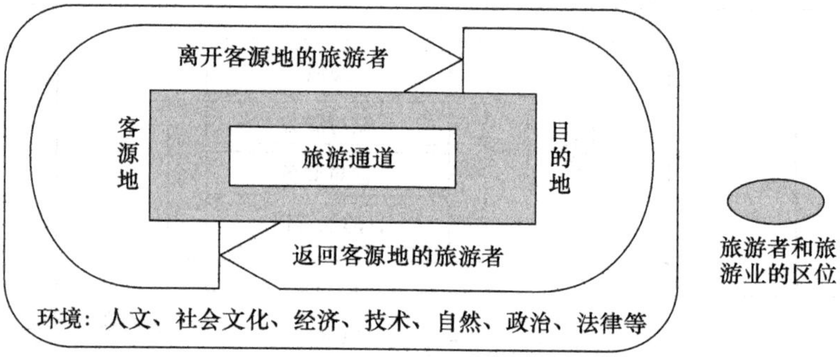

图2－7　Leiper（1979）旅游系统模型

同时，Leiper鲜明地指出了旅游系统中的另外两个要素：旅游者和旅游业。旅游者是旅游系统的主体，在客源地和目的地的推拉作用下，旅游者在空间上进行流动；旅游业存在的意义在于通过其产品满足旅游者的旅游需求。Leiper的旅游系统模型显示，旅游产业链上的不同部门分散在客源地、目的地与旅游通道等各个不同的功能空间，共同为旅游者提供一次完整的旅游服务，旅游供需关系及旅游客源地与旅游目的地的空间关系皆蕴含在其中，而客源地与目的地的旅游空间关系正是旅游产业的供求关系的空间表现形式。可以说，该模型是结构主义方法论指导下的理论研究框架。

此外，在模型中，旅游系统是一个开放的系统，除构成要素之间的相互作用，系统本身与自然、社会、文化、经济、技术、政治、法律等环境也会发生相互作用。

（2）张亚林旅游地域系统理论。张亚林（1989）从旅游地理学视角研究旅游地域系统，对其基本概念、内部结构与外部联系进行了深入分析。根据张亚林的研究，旅游地域系统可从要素结构和地域结构方面探讨其内部构成，他认为现代旅游有三大构成要素（图2－8），即旅游主体——旅游者、旅游客体——旅游资源（对象）、旅游媒体——交通及接待设施与服务管理等。其中，旅游客体子系统是作为满足旅游需求的资源和客观条件存在的，是组成旅游地域系统的地域基础，包括自然风景旅游资源结构和人文景观旅游资源结构，具有一定容量、稳定性、永续性及吸引力；旅游主体子系统根据旅游者的个体行为层次和群体市场特点，向旅游地域系统及其他要素提出要求（旅游需求），因而可以进一步解析为旅游行为结构和旅游市场结构，并可用旅游行为的层次性、旅游需求的数量与结构及旅游流的时空分布特性来说明分析；旅游媒体子系统分为旅游基础设施和旅游服务管理两部分，旅游媒体子系统是旅游活动得以最终实现的充分必要条件，它一方面作为达到旅游目的而存在的间接因素，另一方面又是直接构成旅游吸引物的因素。

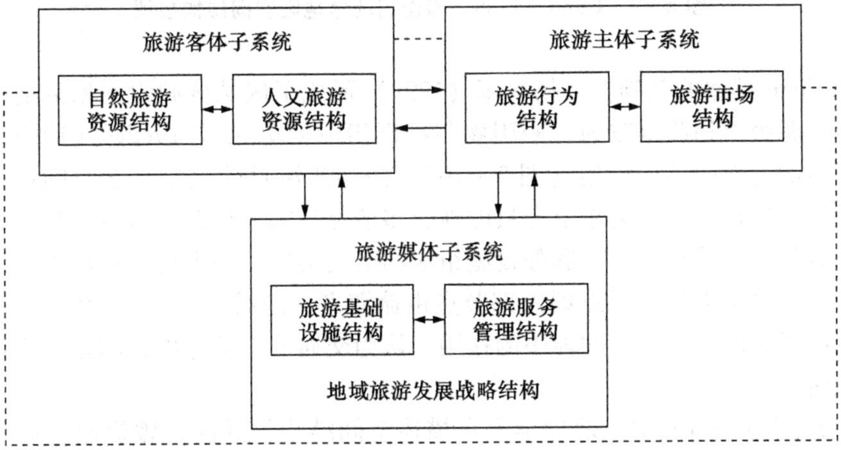

图 2-8 张亚林（1989）旅游系统模型

资料来源：张亚林．旅游地域系统及其构成初探［J］．地理学与国土研究，1989，5（2）：39-43.

同时，张亚林认为旅游地域系统在不同地域上的组合与结构形成了不同的子系统或称旅游区，他认为旅游区是由交通网络连接起来的旅游资源和服务设施所构成的地域系统。

（3）旅游目的地空间结构模型。Cunn（1988）提出旅游目的地地区空间结构模型（图 2-9），认为完整的旅游空间系统由旅游吸引物簇群、服务社区、区内连接通道与对外通道要素构成。旅游目的地地区是以旅游吸引物簇群为依托，以旅游社区为核心的旅游空间发展单元，强调旅游空间系统中各物质要素的发展及其相互之间的协调，特别是强调了服务社区与旅游资源开发的互动关系，即吸引物必须依托旅游社区和交通网络的共同作用。模型有关对外通道的描述体现了目的地系统具有开放性特征，但忽略了目的地区域的外部因素，也没有注意到目的地系统的空间层次性。

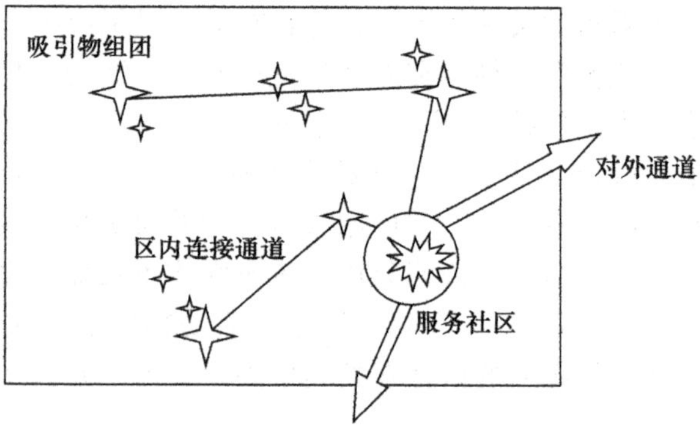

图2－9　Cunn（1988）旅游目的地地区空间结构模型

在Cunn模型的基础上，杨新军（1999）形成了区域旅游空间格局的概念模型，将旅游吸引物簇群改为“吸引物与社区组成的单元”。Dredge（1999）提出了旅游目的地空间结构模型（图2－10），强调旅游目的地是具有空间边界的区域，模型中将目的地分为单节点目的地、多节点目的地和链状节点目的地，模型认为节点是由旅游吸引物、服务设施组成的空间实体。关于目的地内部节点层次的划分，该模型沿用的观点即内部节点由旅游者、旅游标识、旅游吸引物组成。模型突出了交通节点在目的地中的作用，认为交通节点是连接目的地和交通廊道系统的纽带。

（4）网络空间模型。地理学家在描述空间结构模式时，曾提出空间形式由节点、层次来表示节点重要程度、网络或渠道、流和面（节点与路径形成框架）构成，建立的旅游系统的空间结构模式是以旅游目的地、客源地为节点、以交通线路为连接的占据一定面积、处于扩散过程中的网络，可称为旅游系统的网络空间结构模式，中心节点表示目的地，其他节点为该目的地吸引的全部客源地。

吴涨（2004）认为，旅游空间结构由点、线、流、通道和网络要素构成，包含旅游实体、旅游流、旅游地域空间三个域面。旅游实体空间域面由旅游地、旅游交通、信息、基础设施等相互连接构成。旅游流、信息流、物流、技术流、资金流，在旅游实体空间中注入、集中、扩散形成通道，流和通道共同构成旅游流的空间域面；区域尺度的旅游城市群体构成的节点和由旅游流、技术扩散、资金流、信息流等通道，相互交织成网络，共同构成了旅游地域空间域面。

2.4.3　旅游空间相互作用理论

空间相互作用指相关区域间在劳务、资金、商品、技术、信息等的相互传输过程，它对区域间经济关系的建立和变化有很大影响。一方面，能使相关区域加

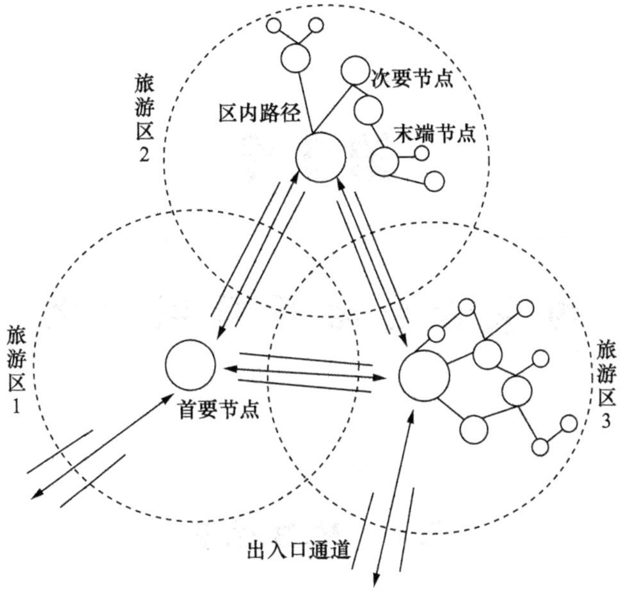

图 2-10　Dredge（1999）目的地旅游空间结构模型

强联系，拓展发展空间，获得更多发展机会；另一方面，将引起区域间对资源、要素、发展机会等的竞争，并可能对有的区域造成损害。区域间发生相互作用需要以下基本条件。第一，区域间的互补性，即相关区域间必须在商品、资金、技术、信息或劳动力方面存在供求关系，区域间空间相互作用大小与互补性成正比。第二，区域间的可达性。可达性受以下因素影响：①空间距离和传输时间，区域间空间距离与传输时间越长，经济联系越不方便，为此付出的投入将增加，可达性就差，反之，可达性就好；②被传输客体的可传输性，被传输客体的可传输性大，经济运距就远，可达性强，反之，可达性就差；③区域间的政治、行政、文化与社会障碍，若区域间存在经济保护壁垒、文化隔离、政治和社会方面的矛盾，则可达性差，反之，区域间各方面关系良好，可达性好；④区域间的交通联系，交通联系顺畅则可达性好，否则，可达性差。第三，干扰机会。区域间发生相互作用的可能性受到来自其他区域的干扰，区域间的互补性是多向的，也就是说，一个区域可在某方面与多个区域同时存在互补性，但它与哪个区域能够实现这种互补性，取决于它们之间互补性的强度，由于干扰机会的存在，即使有互补性的两个区域间也不一定能发生相互作用。空间相互作用程度的测度可以通过空间相互作用模型或引力模型的变形公式来估算。

第3章

内蒙古自治区区域概况

3.1 地理位置

3.1.1 内蒙古自治区地理位置及行政区划

内蒙古自治区位于中华人民共和国的北部边疆，由东北向西南斜伸，呈狭长形。东起东经126°04′，西至东经97°12′，横跨经度28°52′，东西直线距离2400多千米；南起北纬37°24′，北至北纬53°23′，纵占纬度15°59′，直线距离1700千米；全区总面积118.3万平方千米，占中国土地面积的12.3%，是中国第三大省区。东、南、西依次与黑龙江省、吉林省、辽宁省，河北省、山西省、陕西省、宁夏回族自治区和甘肃省8省区毗邻，跨越三北（东北、华北、西北），靠近京津，北部同蒙古国和俄罗斯联邦接壤，国境线长4200千米，辖呼和浩特市、包头市、鄂尔多斯市、呼伦贝尔市、兴安盟、通辽市、赤峰市、锡林郭勒盟、乌兰察布市、巴彦淖尔市、乌海市、阿拉善盟（图3-1）。

3.1.2 各盟市地理位置及县级行政区划

（1）呼和浩特市。呼和浩特市是内蒙古自治区的首府，是全区政治、经济、科技、文化的中心，全市总面积1.72万平方千米，呼和浩特位于内蒙古自治区中部偏西，地处我国阴山山脉中段，坐落在黄河北岸的土默特平原，东经110°31′至112°18′，北纬39°3′至41°23′。辖新城区、回民区、玉泉区、赛罕区四区及土默特左旗、托克托县、和林格尔县、清水河县、武川县五个旗县（图3-2）。

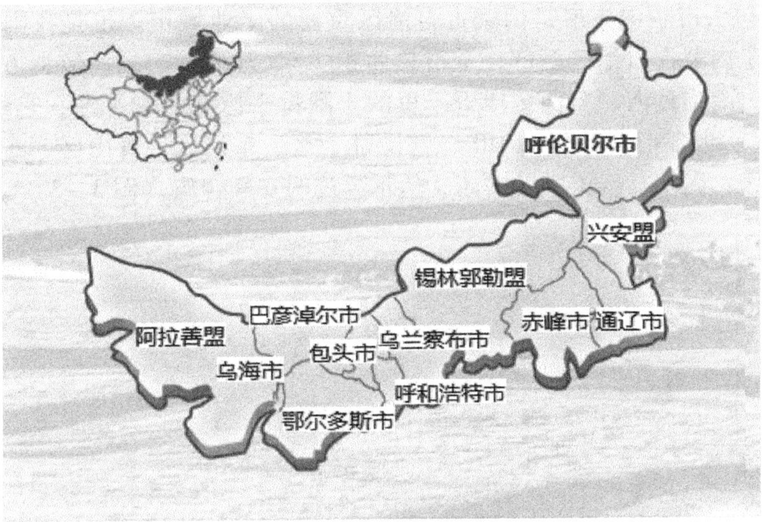

图 3 -1　内蒙古自治区位置及行政区划示意图

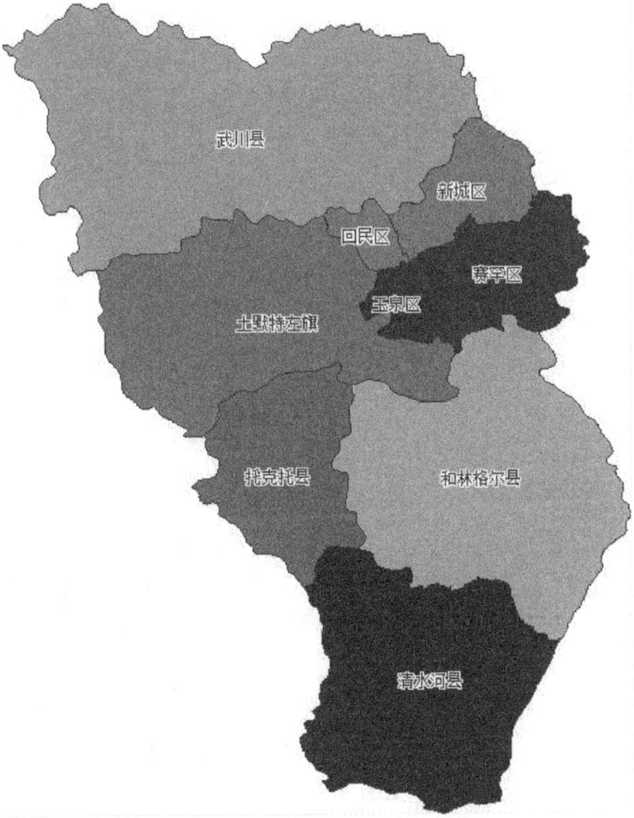

图 3 -2　呼和浩特市行政区划示意图

（2）包头市。包头市是内蒙古自治区重要的工业城市。也是我国较大的城市。它位于内蒙古自治区西部，全市总面积 2.69 万平方千米。包头市北部与蒙古国接壤，南临黄河，东西接沃野千里的土默特平原和河套平原，东经 109°50′至 111°25′，北纬 41°20′至 42°40′，辖昆都仑区、东河区、青山区、石拐区、白云鄂博矿区；固阳县，土默特右旗、达尔罕茂明安联合旗（图 3－3）①。

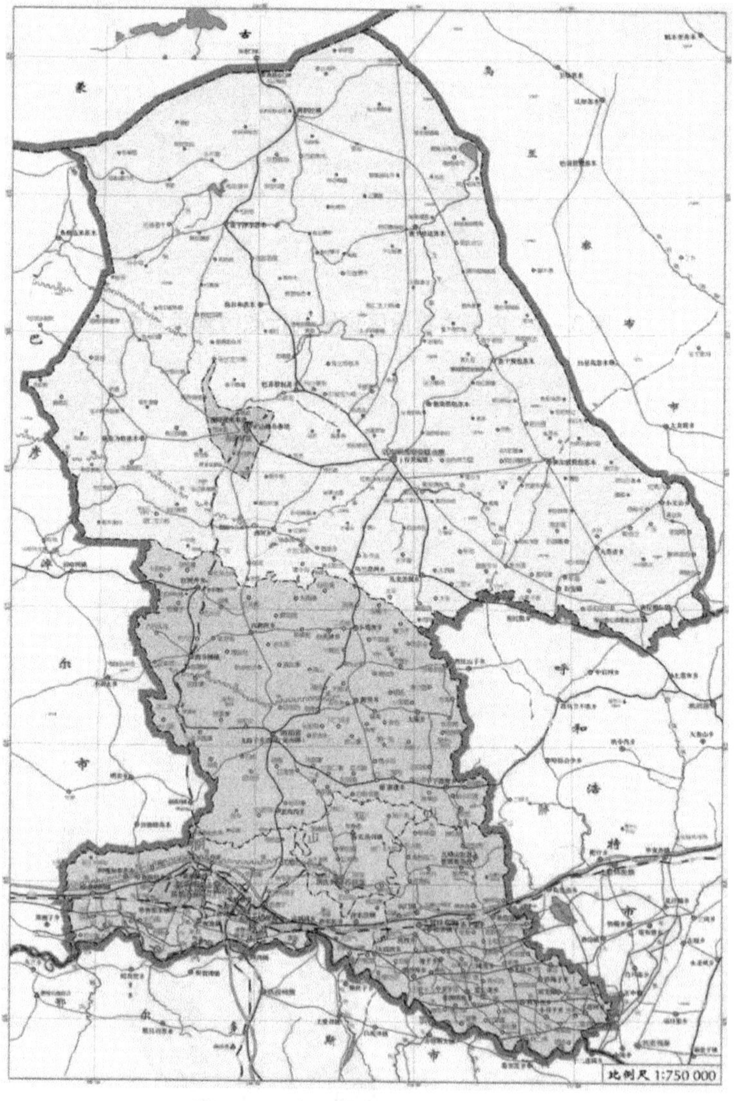

图 3－3　包头市行政区划示意图

① 郭来喜．中国生态旅游——可持续旅游的基石［J］．地理科学进展，1997（4）：1－10.

(3) 鄂尔多斯市。鄂尔多斯市位于内蒙古自治区西南部，地处鄂尔多斯高原腹地。东部、北部和西部分别与呼和浩特市、山西省，包头市、巴彦淖尔市，宁夏回族自治区、阿拉善盟隔河相望，总面积8.67万平方千米，南部与陕西省榆林市接壤，地理坐标为东经106°42′至111°27′，北纬37°35′至40°51′，辖东胜区、达拉特旗、准格尔旗、伊金霍洛旗、乌审旗、杭锦旗、鄂托克旗、鄂托克前旗（图3-4）①。

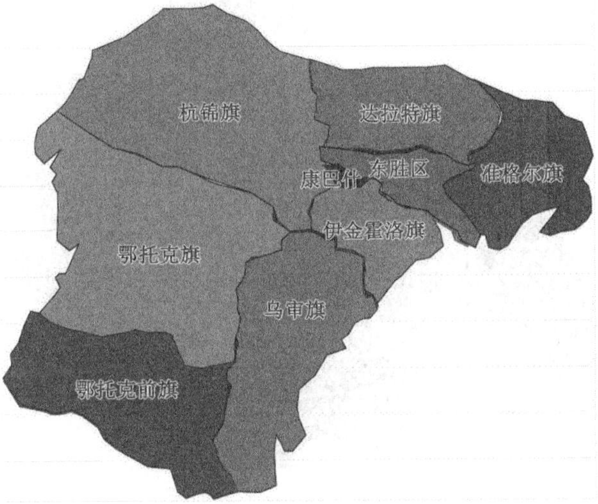

图3-4 鄂尔多斯市行政区划示意图

(4) 呼伦贝尔市。呼伦贝尔市地处东经115°31′至126°04′、北纬47°05′至53°20′。东邻黑龙江省，西、北与蒙古国、俄罗斯相接壤，是中、俄、蒙三国的交界地带，与俄罗斯、蒙古国有1723千米的边境线。呼伦贝尔市总面积26.3万平方千米，相当于山东省与江苏省两省之和，辖海拉尔区；满洲里市、扎兰屯市、牙克石市、根河市、额尔古纳市；阿荣旗、新巴尔虎右旗、新巴尔虎左旗、陈巴尔虎旗、鄂伦春自治旗、鄂温克自治旗、莫力达瓦达斡尔族自治旗（图3-5）。

(5) 兴安盟。兴安盟位于内蒙古自治区的东北部，因地处大兴安岭山脉中段而得名。兴安盟东北与黑龙江省相连，东南与吉林省毗邻，南部、西部、北部分别与内蒙古自治区的通辽市、锡林郭勒盟和呼伦贝尔市相连。西北部与蒙古国

① 宋伟良．生态旅游——我国旅游业可持续发展的主要方向［J］．中南财经政法大学学报，2003(4)：55-59.

接壤，边境线长126千米，兴安盟在国内处于东北经济区，在国际上处于东北经济圈，地理位置优越。兴安盟南北长380千米，东西宽320千米，总面积5.9万平方千米，辖乌兰浩特市、阿尔山市；科尔沁右翼前旗、科尔沁右翼中旗、扎赉特旗；突泉县（图3－6）。

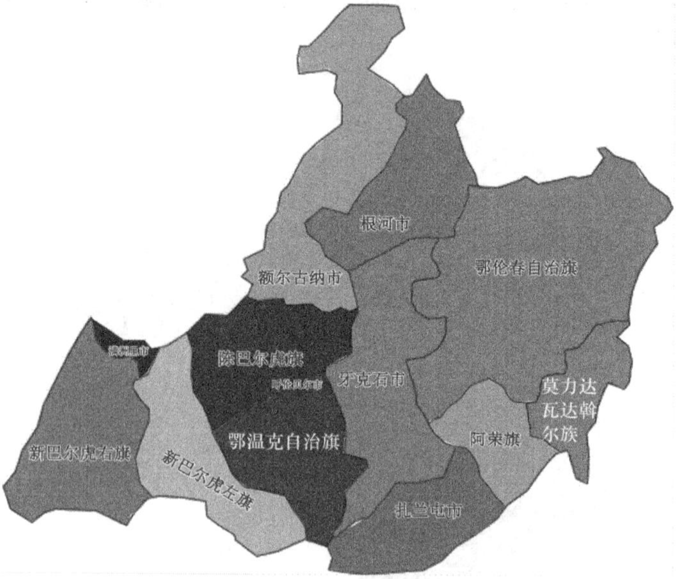

图3－5　呼伦贝尔市行政区划示意图

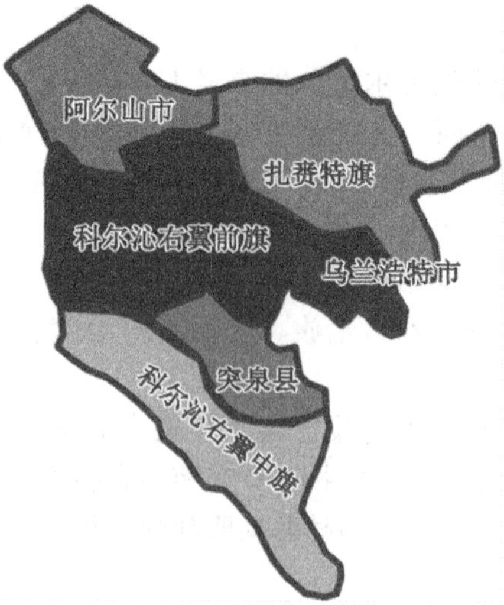

图3－6　兴安盟行政区划示意图

（6）通辽市。通辽市位于内蒙古自治区东部，是内蒙古自治区东部和东北地区最大的交通枢纽城市，被自治区政府定位为省域副中心城市。地处北纬42°15′至45°41′、东经119°15′至123°43′，总面积5.9平方千米，南北长约418千米，东西宽约370千米。东靠吉林省四平市，西接赤峰市、锡林郭勒盟，南依辽宁省沈阳市、阜新市、铁岭市，北边与兴安盟以及吉林省白城市、松原市为邻，是环渤海经济圈和东北经济区的重要枢纽城市。辖科尔沁区；锡林郭勒市；开鲁县；库伦旗、奈曼旗、扎鲁特旗、科尔沁左翼中旗、科尔沁左翼后旗（图3－7）。

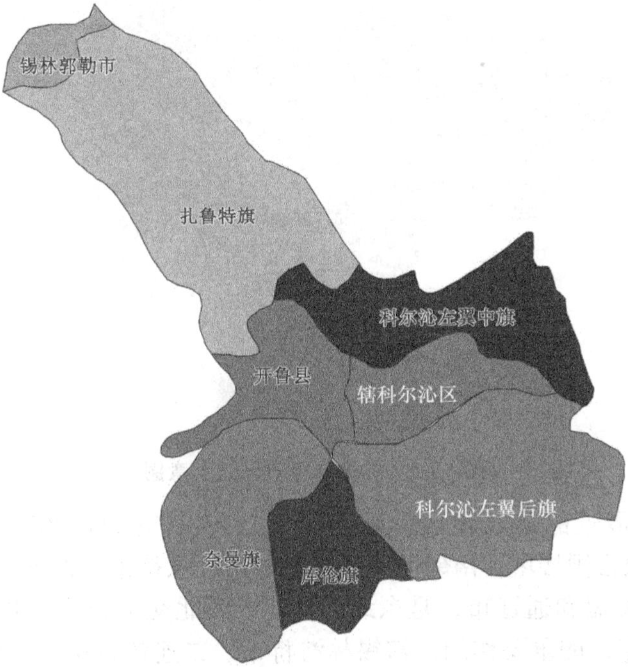

图3－7　通辽市行政区划示意图

（7）赤峰市。赤峰市地处自治区东南部，地理坐标为北纬41°17′10″至45°24′15″，东经116°21′07″至120°58′52″。东南与通辽市和辽宁省朝阳市相连，西南与河北省承德市接壤，西北与锡林郭勒盟毗邻。东西最宽375千米，南北最长457.5千米，总面积9万平方千米。东邻辽沈，南接京津唐，西北靠锡林郭勒大草原，交通四通八达，辖红山区、松山区、元宝山区；宁城县、林西县；巴林右旗、喀喇沁旗、巴林左旗、敖汉旗、阿鲁科尔沁旗、翁牛特旗、克什克腾旗和赤峰市区（图3－8）。

（8）锡林郭勒盟。锡林郭勒盟位于中国的正北方，内蒙古自治区的中部，驻地锡林浩特市。这里既是国家重要的畜产品基地，又是西部大开发的前沿，是

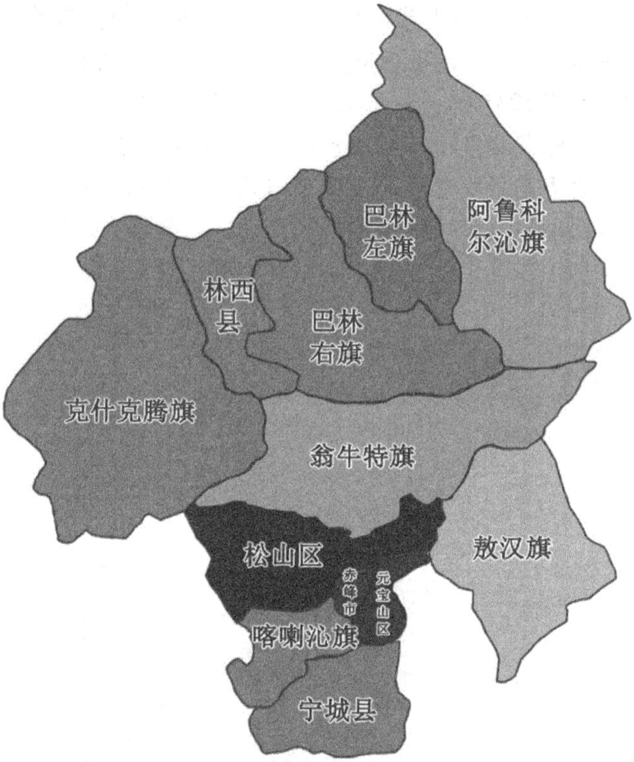

图 3-8 赤峰市行政区划示意图

距京津唐地区最近的草原牧区。地处东经 115°13′至 117°06′、北纬 43°02′至 44°52′。北与蒙古国接壤，南邻河北省张家口市、承德市，西连乌兰察布市，东接赤峰市、兴安盟和通辽市，是东北、华北、西北交汇地带，具有对外贯通欧亚、区内连接东西的重要作用，辖锡林浩特市、二连浩特市；多伦县；正蓝旗、镶黄旗、正镶白旗、阿巴嘎旗、太仆寺旗、苏尼特左旗、苏尼特右旗、东乌珠穆沁旗、西乌珠穆沁旗和乌拉盖管理区（图 3-9）。

（9）乌兰察布市。乌兰察布市位于北纬 39°37′至 43°28′，东经 109°16′至 114°49′。乌兰察布市东部与河北省接壤，东北部与内蒙古锡林郭勒盟相邻，南部与山西省相连，西南部与自治区首府呼和浩特市毗连，西北部与包头市相接，北部与蒙古国交界，国境线长 100 多千米。乌兰察布市区位优越，内蒙古自治区所辖 12 个盟市中，乌兰察布市是距首都北京最近的城市，是自治区东进西出的“桥头堡”，是进入东北、华北、西北三大经济圈的交通枢纽，也是中国通往蒙古国、俄罗斯和东欧的重要国际通道，辖集宁区；丰镇市；察哈尔右翼前旗、察哈尔右翼中旗、察哈尔右翼后旗、四子王旗；商都县、化德县、卓资县、凉城县、兴和县（图 3-10）。

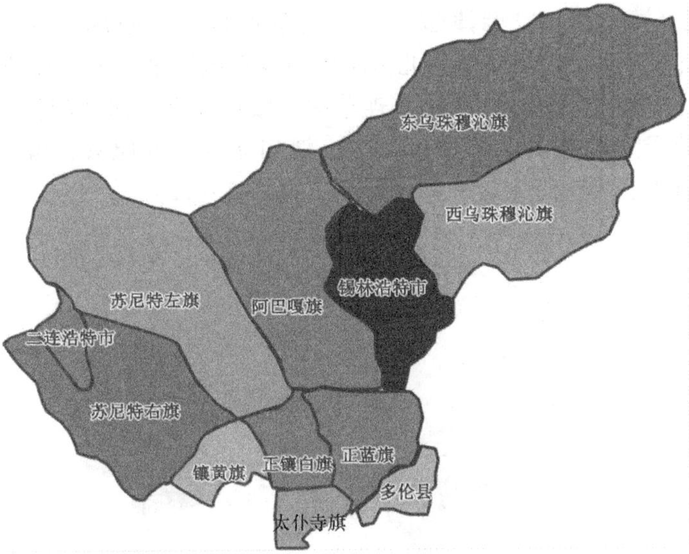

图 3－9　锡林郭勒盟行政区划示意图

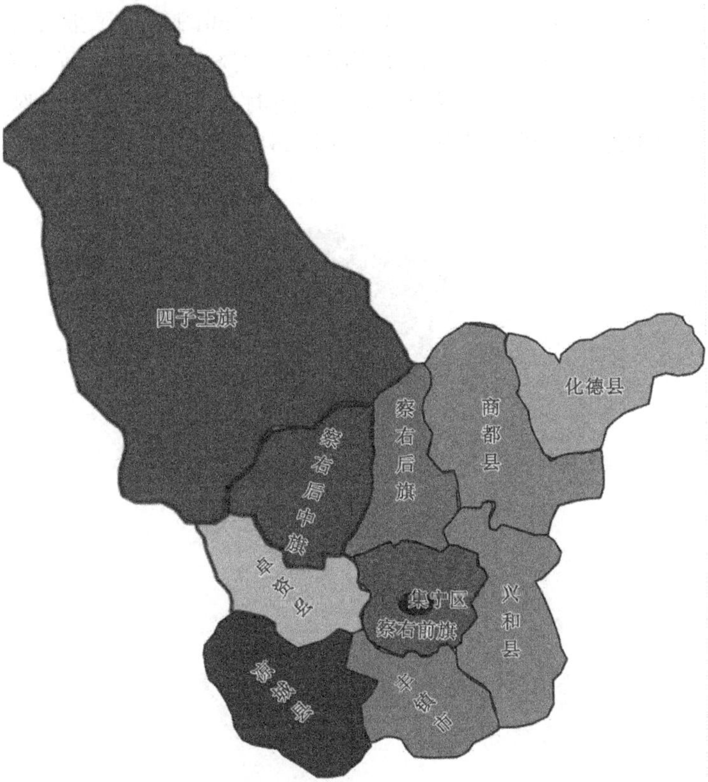

图 3－10　乌兰察布市行政区划示意图

（10）巴彦淖尔市。巴彦淖尔市位于内蒙古自治区西部，在北纬 40°13′至 42°28′，东经 105°12′至 109°53′。北依阴山与蒙古国接壤，国界线长 368.9 千米，南临黄河与鄂尔多斯市隔河相望，东连草原钢城包头市，西邻阿拉善盟及塞外煤都乌海市，处于华北与西北的连接带上，辖临河区；五原县、磴口县；杭锦后旗、乌拉特前旗、乌拉特中旗、乌拉特后旗（图 3－11）。

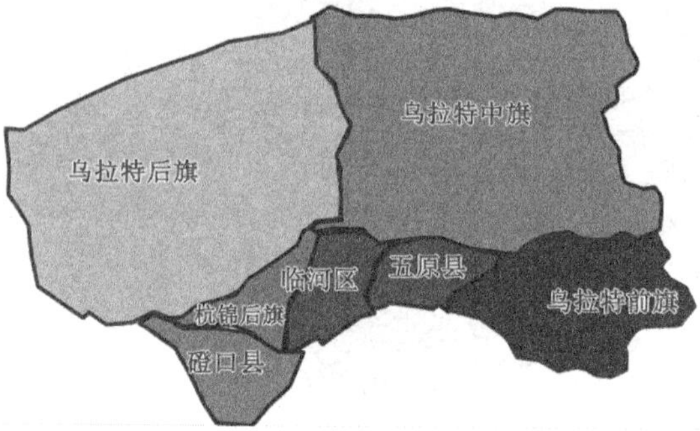

图 3－11　巴彦淖尔市行政区划示意图

（11）乌海市。乌海市是中国内蒙古自治区西部的新兴工业城市，地处黄河上游，东临鄂尔多斯高原，南与宁夏石嘴山市隔河相望，西接阿拉善草原，北靠肥沃的河套平原。是华北与西北的接合部，同时也是“宁、蒙、陕、甘”经济区的接合部和沿黄经济带的中心区域，辖即海勃湾区、乌达区、海南区（图 3－12）。

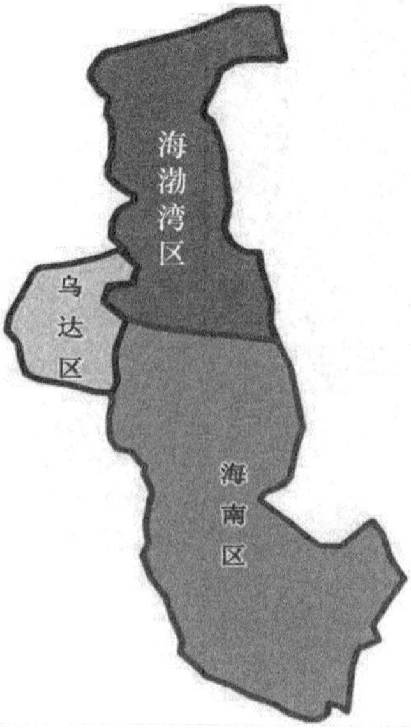

图 3－12　乌海市行政区划示意图

（12）阿拉善盟。阿拉善盟地处内蒙古自治区最西端，地理坐标为东经 97°10′至 106°52′，北纬 37°21′至 42°47′，西与甘肃省酒泉市、张掖市、金昌市、武威市、白银市相连，东南隔贺兰山与宁夏回族自治区中卫市、吴忠市、银川市、石嘴山市相望，东北与巴彦淖尔市、乌海市、鄂尔多斯市接壤，北与蒙古国交界，辖阿拉善左旗、阿拉善右旗、额济纳旗（图 3－13）。

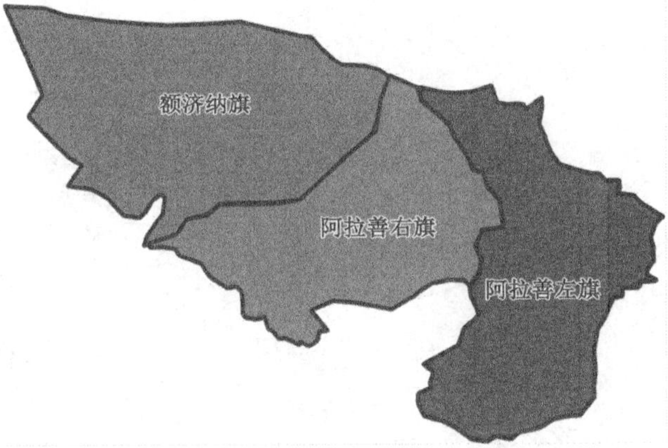

图 3－13　阿拉善盟行政区划示意图

3.2　自然条件概况

3.2.1　地质与地貌

内蒙古自治区的地貌以蒙古高原为主体，具有复杂多样的形态。除东南部外，基本是高原，占总土地面积的 50% 左右，由呼伦贝尔高原、锡林郭勒高原、巴彦淖尔—阿拉善及鄂尔多斯等高原组成，平均海拔 1000 米左右，海拔最高点贺兰山主峰 3556 米。高原四周分布着大兴安岭、阴山（狼山、色尔腾山、大青山、灰腾梁）、贺兰山等山脉，构成内蒙古高原地貌的脊梁。内蒙古高原西端分布有巴丹吉林、腾格里、乌兰布和、库布其、毛乌素等沙漠，总面积 15 万平方千米。在大兴安岭的东麓、阴山脚下和黄河岸边，有嫩江西岸平原、西辽河平原、土默川平原、河套平原及黄河南岸平原。这里地势平坦、土质肥沃、光照充足、水源丰富，是内蒙古自治区粮食和经济作物的主要产区。在山地向高原、平原的交接地带，分布着黄土丘陵和石质丘陵，其间有低山、谷地和盆地分布，水土流失较严重。高原面积占全区总面积的 53.4%，山地占 20.9%，丘陵占 16.4%，河流、湖泊、水库等水域面积占 0.8%（图 3－14）。

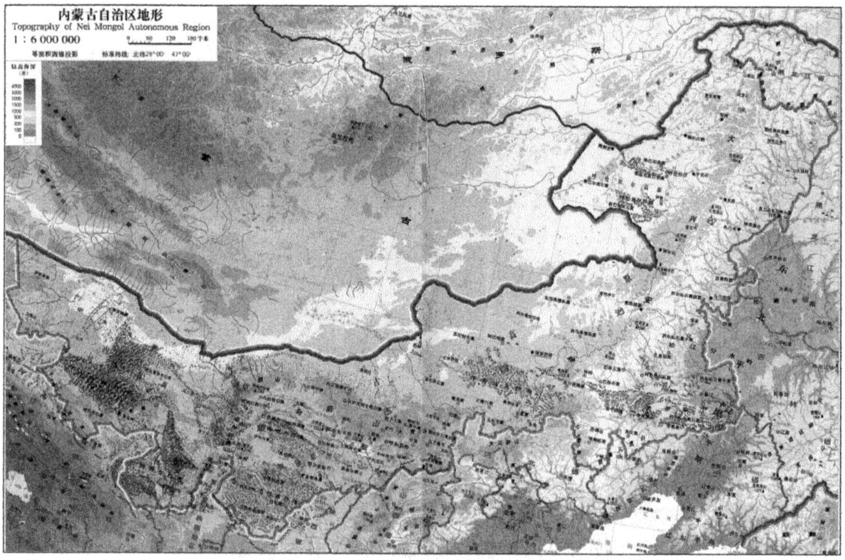

图 3－14　内蒙古地貌地形示意图

（1）呼和浩特市。呼和浩特市境内主要分为两大地貌单元，即北部大青山和东南部蛮汉山为主的山地地形，南部及西南部为土默川平原地形。地势由东北向西南逐渐倾斜。海拔最高点在大青山金銮殿顶部，高度为 2280 米，最低点在托克托县，高度为 986 米，市区海拔高度为 1040 米。大青山为阴山山脉中段，生成很多纵向的山脉山峰。境内，由西向东主要山峰有九峰山、金銮殿山、蟠龙山、虎头山等，东南部是蛮汉山①。

（2）包头市。包头市境内有阴山山脉的大青山、乌拉山（以昆都仑河为界），山峰平均海拔 2000 米，最高峰海拔 2324 米。全市由中部山岳地带、山北高原草地和山南平原三部分组成，呈中间高，南北低，西高东低的地势。黄河流经包头市境内 214 千米，公路、铁路两桥并行飞架黄河南北②。

（3）鄂尔多斯市。鄂尔多斯市地貌主要分为东部丘陵沟壑区、西部的高原区、北部的库布其沙漠区、南部的毛乌素沙漠区、中部的波状高原区和北部黄河

① 谷明．旅游经济的可持续发展探讨［J］．桂林旅游高等专科学校学报，2000，11（2）：66－70.
② 司金銮．中国可持续旅游消费理论问题探讨［J］．社会科学，2001（10）：20－24.

南岸的平原区。海拔在 850 ~ 2149 米。地势起伏，西北较高，东南较低，地形地貌复杂，东、北、西三面被黄河环绕，南面与黄土高原相连。地貌类型多样，既有芳草如茵的美丽辽阔草原，又有开阔坦荡的波状高原；全市辖区内分为五大类型地貌，平原约占总土地面积的 4.33%，丘陵山区约占总土地面积的 18.91%，波状高原约占总土地面积的 28.81%，毛乌素沙地约占总土地面积的 28.78%，库布其沙漠约占总土地面积的 19.17%①。

（4）呼伦贝尔市。呼伦贝尔属于高原型地貌，处于亚洲中部蒙古高原的东北缘。由于受地质结构的控制和影响，形成了大兴安岭山地、呼伦贝尔高原、河谷平原低地三个地形单元。大兴安岭山地纵贯全境中部，是构成全盟地块的主体。大兴安岭纵长横短，北宽南窄，层峦叠嶂，绵延千里；岭西地势高而平缓，岭东稍陡但地势低。南高于北，南部多高山且地势陡峭；北部山低，坡缓。大兴安岭是呼伦贝尔高原与松嫩平原的分界线，也是额尔古纳河水系和嫩江水系的分水岭。呼伦贝尔高原又称巴尔虎高原，位于大兴安岭西侧，为山地和丘陵所环抱。东部与东南部地势较高，为中低山丘陵地带，海拔多在 700 ~ 1000 米。中部为波状起伏的呼伦贝尔（海拉尔）台地高原，位于中低山丘陵地带西南，一直延伸到呼伦湖东岸。地势东高西低。高原中有三条大沙带和零星沙丘堆积。河谷平原位于大兴安岭以东，主要分布在嫩江西岸和额尔古纳河上游。嫩江西岸河谷平原位于大兴安岭东麓与松嫩平原的过渡地带，地势自东北向西南倾斜，海拔 200 ~ 300 米。额尔古纳河上游河谷平原地势开阔，上连海拉尔河下游低地，下接三河下游大片沼泽地，水流不畅，沼泽遍布。

（5）兴安盟。兴安盟地处大兴安岭向松嫩平原过渡带，由西北向东南分为四个地貌类型：中山地带、低山地带、丘陵地带和平原地带，海拔高度 150 ~ 800 米。南北长 380 千米，东西宽 320 千米。山地和丘陵占 95% 左右，平原占 5% 左右。被誉为无污染、无公害的“绿色净土”。与地貌特征相关，经济区划大致分为林区、牧区、半农半牧区和农区。林区主要集中在大兴安岭主脊线的中山地带，有 0.7 万多平方千米。牧区主要集中在乌兰毛都低山地带，有 0.8 万多平方千米。半农半牧区和农区分布在低山丘陵和平原地带，有 4.5 万多平方千米。

（6）通辽市。通辽市地势南部和北部高，中部低平，呈马鞍形。北部为大兴安岭南麓余脉的石质山地丘陵，占全市总面积的 22.8%，海拔高度 400 ~ 1300 米；南部为辽西山地边缘的浅山、黄土丘陵区，占全市总面积的 7.0%，海拔高度 550 ~ 730 米；中部为西辽河流域沙质冲积平原，占全市总面积的 70.7%，海拔高度 120 ~ 320 米，其中在西辽河流域冲积平原与山地、丘陵之间的过渡地带

① 刘亭立，赵小丽．可持续旅游发展的经济学分析工具——外部性理论［J］．北京第二外国语学院学报，2002（4）：45 - 47.

分布着起伏不平的沙丘和沙地，海拔高度200～400米。

（7）锡林郭勒盟。锡林郭勒盟是一个以高原为主体，兼有多种地貌的地区，地势南高北低，东部、南部多低山丘陵，盆地错落其间，为大兴安岭向西和阴山山脉向东延伸的余脉。西部、北部地形平坦，零星分布一些低山丘陵和熔岩台地，为高原草场。海拔在800～1800米。最高山峰为古如格苏乌拉山峰，海拔1957米。浑善达克沙地又称小腾格里沙地，由西北向东南横贯中部，东西长约280千米，南北宽40～100千米。

（8）赤峰市。赤峰地处大兴安岭南段和燕山北麓山地，分布在西拉木伦河南北与老哈河流域广大地区，呈三面环山，西高东低，多山多丘陵的地貌特征。山地约占赤峰市总面积的42%，丘陵约占24%，高原约占9%，平原约占25%。大体分为四个地形区：北部山地丘陵区；南部山地丘陵区；西部高原区；东部平原区，海拔高度300～2000米。东部在西拉木伦河与老哈河汇流处三角地区，海拔高度不足300米，为赤峰市地势最低地带；西部克什克腾旗和河北省围场县交界处的大光顶子山，海拔高度2067米，为赤峰市第一高峰。

（9）乌兰察布市。乌兰察布市地形自北向南由内蒙古高原、乌兰察布丘陵、阴山山脉、黄土丘陵四部分组成。阴山山脉的支脉大青山、灰腾梁横亘中部，海拔为1595～2150米，最高峰达2271米，灰腾梁最高海拔2118米。支脉蛮汉山、马头山、苏木山蜿蜒曲折分布于境内的东南部。习惯上将大青山以南部分称为前山地区，以北部分称为后山地区。前山地区地形复杂、丘陵起伏、沟壑纵横、间有高山，平均海拔1152～1321米，其中乌兰察布市最高点苏木山主峰海拔为2349米。北部丘陵山间盆地相间，有大小不等的平原。最南部为黄土丘陵。

（10）巴彦淖尔市。巴彦淖尔市地形由三种类型构成，即北部高原、中部山地、南部平原。阴山山脉横亘巴彦淖尔市中部，从阴山北麓至中蒙边界为高原，海拔1000～1800米，地势由南向北倾斜，是广漠无垠的天然草牧场，俗称乌拉特草原，是巴彦淖尔市畜牧业主要基地。中部山地为阴山山脉，由西向东，分为狼山、色尔腾山、乌拉山三部分。狼山长约280千米，宽30～60千米，成弧形环抱于河套平原之北，海拔1500～2300米，最高峰海拔2335.2米。乌拉山位于明安川之南，黄河以北，西起西山嘴，东至昆都仑河，长约94千米，宽12～30千米，主峰大桦背海拔2334米，山势挺拔，雄伟壮观，植物生长茂盛，森林覆盖率达27.95%，是自治区西部最大的天然次森林区。阴山南麓至黄河北岸为河套平原，海拔1018～1050米，地势平坦，由西南向东北微倾，土地肥沃，渠道纵横，灌溉便利。素有“塞上江南”之称，是国家和内蒙古自治区商品粮、油、糖生产基地。

（11）乌海市。乌海市是36亿年前鄂尔多斯古大陆的一部分，系古地中海浸区经喜马拉雅山第三次隆起而成。基本地形地貌特征是"三山两谷一条河"。东部是绵延百里的桌子山，中部为甘德尔山，西部为五虎山，各山体均属贺兰山脉的北端余脉，三山成南北走向平行排列，中间形成两个平坦的谷地。黄河沿岗德尔山西谷流经市区，阻断乌兰布和沙漠进入河套地区。乌海地势东西两边高、中间低。域内地貌分为四大类：构造侵蚀中低山地占乌海市总面积的 40%，剥蚀丘陵区占乌海市总面积的 20%，山前堆积冲洪积扇区占乌海市总面积的 30%，黄河冲积堆积阶地占乌海市总面积的 10%。

（12）阿拉善盟。阿拉善盟地形呈南高北低状，平均海拔 900～1400 米，地貌类型有沙漠戈壁、山地、低山丘陵、湖盆、起伏滩地等。土壤受地貌及生物气候条件影响，具有明显的地带性分布特征，由东南向西北依次分布有灰钙土、灰漠土、灰棕漠土。在湖盆和低洼地区有盐碱土和沼泽土。著名的巴丹吉林、腾格里、乌兰布和三大沙漠横贯全境，面积约 7.8 万平方千米，占全盟总面积的 29%，居世界第四位，国内第二位。巴丹吉林沙漠以高陡著称，绝大部分为复合沙山。相对高度从外缘的 5～20 米，向内逐渐增高到 200～400 米，最高达 500 米。高大沙山互不连接，峻峭陡立，巍峨壮观。腾格里沙漠、乌兰布和沙漠多为新月形流动或半流动沙丘链，一般高 10～200 米。沙漠中分布有 500 多个咸、淡水湖泊或盐碱草湖，其中较大的有古日乃湖、拐子湖、沙日布日都、头道湖、查干高勒、敦德高勒、辉图高勒、巴彦霍勒、乌日图霍勒、图兰太湖、通古勒格淖尔、英格田、特莫图、通湖音高勒、树贵湖、浩木肯高勒、伊和吉格德等。北部戈壁分布较广，面积 9 万多平方公里，占全盟总面积的 33.7%。阴山余脉与大片沙漠、起伏滩地、剥蚀残丘相间分布，东南部和西南部有贺兰山、合黎山、龙首山、马鬃山连绵环绕，雅布赖山自东北向西南延伸，把盟境大体分为两大块。贺兰山呈南北走向，长 250 千米，宽 10～50 千米，平均海拔 2700 米。主峰达郎浩绕和巴彦笋布日，海拔分别为 3556 米、3207 米。贺兰山巍峨陡峻，犹如天然屏障，阻挡腾格里沙漠的东移，削弱来自西北的寒流，是外流域与内流域的分水岭。

3.2.2　气象气候资源

内蒙古自治区位于中纬度，地处欧亚大陆内部，大部分地区处在东亚季风的影响之下，属于温带大陆性季风气候区，气候复杂多样，四季分明。其主要气候特征是：

（1）冬季寒冷漫长，夏季温热短促。内蒙古自治区冬季寒冷，平均温度在 -3.5～-15℃，从西向东冬季平均温度相差约 12℃，极端最低气温在 -26～-50℃，大部分地区冬季长达 5 个月以上，呼伦贝尔市冬季长达 7 个月。内蒙古自治区夏季短促，全区平均为62天，仅有2个月，夏季日数比冬季日数少108天。夏季平均温度20.1～25.3℃，极端最高气温35～45℃，气候温热。大兴安岭山地、锡林郭勒盟南部和大青山北麓长冬无夏、春秋相连（图3－15）。

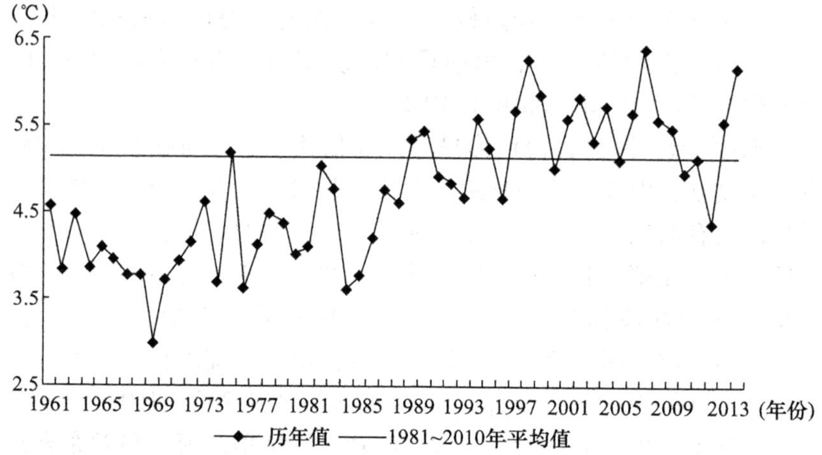

图3－15　内蒙古自治区1961～2013年历年平均气温

（2）气温年较差大、日较差大，无霜期短：内蒙古自治区大部分地区多年平均最冷月和最热月的气温年较差平均31～46℃；比同纬度的欧洲地区高近20℃。而一日之内，最高气温和最低气温的差值平均为11～17℃，比华北平原地区高3～5℃，比同纬度的欧洲地区高5～8℃。一年之内，日最低气温大于2℃的无霜期，全区为50～160天，比华北平原少30～50天。其中，大兴安岭山地不足80天。

（3）降水集中于夏季，水热同期。内蒙古自治区全年降水量为50～500毫米，主要集中在夏季，6～8月降水量为30～350毫米，大部分地区夏季降水量占年降水量的65%～75%，东部地区夏季降水占的比例比西部大。水热同期有利于农作物和牧草的生长（图3－16）。

（4）降水变率大，保证率低。内蒙古自治区年降水相对变率较大，为15%～40%，特别是呼和浩特市以西地区，降水变率大于25%，阿拉善盟西部年降水变率约为40%，接近我国西北干旱地区的塔里木盆地和柴达木盆地，是我国年降水变率最大的地区之一。大部分地区80%保证率的年降水量只占平均年降水量的70%，限制了农业生产的发展。

（5）日照充足，太阳能丰富。内蒙古自治区大部分地区全年日照时数在2700小时以上，阿拉善盟的西部多达3400小时以上，全区日照百分率为60%～

80%。太阳总辐射年总量为4500~6500兆焦耳/平方米，其中，二连浩特、集宁、呼和浩特、东胜一线以西地区年辐射总量大于6000兆焦耳/平方米，是全国太阳能最丰富的地区之一。

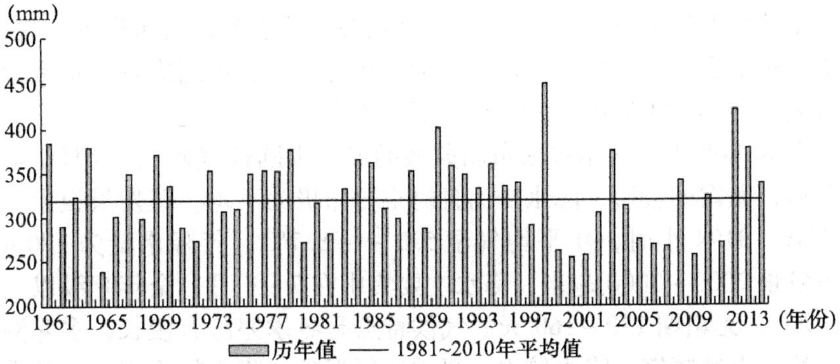

图3-16 内蒙古自治区1961~2013年历年平均降水量

(6) 冬春多大风，风能资源丰富。内蒙古自治区多年平均风速为1.4~5.5米/秒，其中，以春季（3~5月）风速最大，冬季风速次之。春季平均风速为2.2~6.5米/秒，除大兴安岭北端及呼和浩特等地风速小于3.0米/秒以外，其余大部分地区在4.0米/秒以上。全区3~25米/秒的年有效风速时数为1300~7500小时。10米高度年风功率密度大部分地区为30~180瓦/平方米，其中，锡林郭勒盟西部、乌兰察布市北部和巴彦淖尔市北部，其值大于150瓦/平方米，最高可达200瓦/平方米以上。内蒙古自治区风能资源总储量为10.18亿千瓦，技术可开发量为2.73亿千瓦，约占全国风能资源储量的1/3。全区风能资源极丰富区和丰富区面积为17.5万平方千米，风能资源储量为3.5亿千瓦，占全区风能资源储量的近35%，居全国首位。

(1) 呼和浩特市。呼和浩特市属中温带大陆性季风气候，四季气候变相明显，差异较大，其特点：冬季严寒漫长，夏季炎热短暂，春秋两季气候变化强度大。年平均气温由北向南不断递增，北部大青山区仅在2℃左右，南部达到6.7℃。最冷月气温-12.7~-16.1℃；最热月气温17~22.9℃。平均年较差为34.4~35.7℃，平均日较差为13.5~13.7℃。

无霜期。北部山区是75天，低山丘陵区是110天，南部平原区为113~134天。日照年均1600小时①。最佳的旅游季节是6~9月四个月。

---

① 明庆忠，范斌．旅游业可持续发展的经济伦理学思考［J］．云南师范大学学报，2003，35（1）：122-124.

（2）包头市。包头市属半干旱中温带大陆性季风气候。这里景色宜人，气温舒适。据《包头市2014年国民经济和社会发展统计公报》，包头市年均气温8.5℃，年最低气温-27.6℃，年最高气温40.4℃，年降水量262.9毫米，最大风速11.0米/秒，平均风速1.8米/秒，年日照时数2806小时，年平均相对湿度52%，全年沙尘天气12次。夏秋之时，是包头绝佳季节，清风送爽，花香色艳，瓜果丰盛，蔬菜充足，是理想的避暑胜地。冬春两季，冰封雪飘，银装素裹，别具北国特色①。最佳的旅游季节是6~9月四个月。

（3）鄂尔多斯市。鄂尔多斯市属典型的温带大陆性气候②，日照量丰富，四季分界明显，无霜期较短，降水少而且时空分布极为不均，蒸发量很大。年日照时数为2716~3194小时，年平均气温5.3~-8.7℃，年降水量为170~350毫米，年蒸发量2000~3000毫米，降水主要集中在7~9月，全年8级以上大风日数40天以上，无霜期130~160天。气候特点是冬季寒冷且漫长，多寒潮；春季气温回升快，大风频繁，降水较少；夏季短暂温热，降水较为集中；秋季降温较快，霜冻来临早③，最佳旅游季节是7~9月三个月。

（4）呼伦贝尔市。呼伦贝尔地处温带北部，大陆性气候显著。吉文—雅鲁—柴河—白狼—伊尔施—免渡河—黑山头一线属于寒温带大陆性季风气候，其他属于中温带大陆性气候。气候特点是冬季寒冷漫长，夏季温凉短促，春季干燥风大，秋季气温骤降、霜冻早。热量不足，昼夜温差大，有效积温利用率高，无霜期短，日照丰富，降水量差异大，降水期多集中在7~8月。全年气温冬冷夏暖，温差较大。全市大部分地区年平均气温在0℃以下，只有大兴安岭以东和岭西少部分地区在0℃以上，岭东农区年平均气温在1.3~2.4℃之间，大兴安岭地区为-2.0~5.3℃，牧区为0.4~3.0℃. 最冷月（1月）平均气温在-18~-30℃，最热月（7月）平均气温在16~21℃。降水量变率大，分布不均匀，年际变化也大。冬春两季各地降水一般为40~80毫米，占年降水量15%左右。夏季降水量大而集中，大部分地区为200~300毫米，占年降水量的65%~70%，秋季降水量相应减少，总的分布趋势：农区60~80毫米，林区50~80毫米，牧区30~50毫米。

（5）兴安盟。兴安盟属温带半干旱季风气候，四季分明。无霜期95~145天，大部分地区110~130天。年降水量平均为400~450毫米，雨热同期，适合一季作物生长。大部分地区日照为2800~3100小时，中南部地区10℃以上积温在2200~3100℃之间。从北向南气温、积温、光照、无霜期递增，而降水量、相

① 傅万有，王文元．神秘的鄂尔多斯［M］．呼和浩特：内蒙古人民出版社，2003.
② 张金山．中国县域经济导论［M］．杭州：杭州大学出版社，1997.
③ 黄安民．县级旅游发展规划的理论与实践［M］．河北：河北教育出版社，2001.

对湿度则递减。

(6) 通辽市。通辽市年平均气温0~6℃，年平均日照时数3000小时左右，≥10℃积温3000~3200℃，无霜期140~160天，年平均降水量350~400毫米，蒸发量是降水量的5倍左右，年平均风速3~4.4米/秒，全年8级以上大风日数20~30天。

(7) 锡林郭勒盟。锡林郭勒盟其主要气候特点是风大、干旱、寒冷。年平均气温0~3℃，结冰期长达5个月，寒冷期长达7个月，1月气温最低，平均-20℃，为华北最冷的地区之一。7月气温最高，平均21℃。年较差为35~42℃，极端最高气温39.9℃，极端最低气温-42.4℃，日较差平均为12~16℃。平均降水量为295毫米，由东南向西北递减。最大降水量628毫米（太仆寺旗，1959年），最小降水量83毫米（二连浩特市，1966年），降雨多集中在7、8、9三个月内。每年11月至次年3月平均降雪总量为8~15毫米，1977年10月26~29日降雪总量达36~48毫米，降雪中心达58毫米。年平均相对湿度在60%以下，蒸发量1500~2700毫米，由东向西递增。二连浩特市最大蒸发量达到3150毫米（1963年）。蒸发量最大值出现在每年5~6月份。年日照时数为2800~3200小时，日照率为64%~73%，无霜期为110~130天。

(8) 赤峰市。赤峰市属中温带半干旱大陆性季风气候区。冬季漫长而寒冷，春季干旱多大风，夏季短促炎热、雨水集中，秋季短促、气温下降快、霜冻降临早。大部分地区年平均气温为0~7℃，最冷月（1月）平均气温为-10℃，极端最低气温-27℃；最热月（7月）平均气温20~24℃。年降水量的地理分布受地形影响十分明显，不同地区差别很大，有300~500毫米不等。大部分地区年日照时数为2700~3100小时。每当5~9月天空无云时，日照时数可长达12~14小时，日照百分率多数地区为65%~70%。

(9) 乌兰察布市。乌兰察布市地处中温带，属大陆性季风气候，四季特征明显。因大青山横亘中部的分隔，形成了前山地区比较温暖，雨量较多，后山地区多风的特殊气候。年平均降水量150~450毫米，雨量集中在每年7、8、9月份。年平均气温一般为0℃~18℃，无霜期95~145天。灰腾梁地区气温最低，一般年均1℃以下。

(10) 巴彦淖尔市。巴彦淖尔市属中温带大陆性季风气候，光照充足，热量丰富，降水量少，蒸发量大，风大沙多，无霜期短；温差大，四季分明。年平均气温3.7~7.6℃，一年之中，1月温度最低，平均为-11~-15℃，7月气温最高，平均在20~24℃。气温年较差为33.4~37.3℃，气温日较差平均为13~14℃。平均气温西部高于东部，南部高于北部；山北地区为3.9~4.5℃，河套地区为6.1~7.6℃。年极端最高气温38.2℃；极端最低气温-41℃。年平均日照时数为3110~3300小时，是中国光能资源最丰富的地区之一。无霜期短，平均无霜期为126天。降水量稀少，年平均降水量为188毫米，山北地区为100~200毫米，河套地区为150~200毫米，东部山区为250毫米。雨量多集中于夏季的7、8月份，占全年降水量的60%左右。极端最大降水量为432.6毫米。冬春两季雨雪稀少，只占全年降水量的10%左右。与降水量相比，年平均蒸发量却高达2032~3179毫米，普遍大于降水量的10~30倍。地处西风带，风速较大，风期较长，是冬春季节的主要气候特征之一，年平均风速2.5~3.4米/秒，年最大风速18~40米/秒。

（11）乌海市。乌海市地处大陆深处，属于典型的大陆性气候，其气候特征是冬季少雪，春季干旱，夏季炎热高温，秋季气温剧降。春秋季短，冬夏季长，昼夜温差大，日照时间长，可见光照资源丰富。极端最高气温40.2℃，极端最低气温-36.6℃，多年平均日照时数为3138.6小时，年平均接受太阳辐射能155.8千卡/平方厘米，平均无霜期为156~165天；历年平均降水量159.8毫米，平均相对湿度42%，平均蒸发量3289毫米；年平均风速2.9米/秒，瞬间最大风速33米/秒。乌海是发展种养业及高效农业光热资源最充足、最理想的地区之一，所有北方的农作物都适宜在这里种植，并产高质优。

（12）阿拉善盟。阿拉善盟地处亚洲大陆腹地，为内陆高原，远离海洋，周围群山环抱，形成典型的大陆性气候。干旱少雨，风大沙多，冬寒夏热，四季气候特征明显，昼夜温差大。年均气温6~8.5℃，1月平均气温-9~-14℃。极端最低气温-36.4℃；7月平均气温22~26.4℃，极端最高气温41.7℃。年平均无霜期130~165天。由于受东南季风影响，雨季多集中在7、8、9月。降雨量从东南部的200多毫米，向西北部递减至40毫米以下；而蒸发量则由东南部的2400毫米向西北部递增到4200毫米。年日照时数达2600~3500小时，年太阳总辐射量147~165千卡/平方厘米。多西北风，平均风速每秒2.9~5米，年均风日70天左右。

3.2.3 水文及水资源

内蒙古自治区地表水有黄河、西辽河、嫩江、额尔古纳河4个外流水系，流域面积为52.2万平方千米，年径流量673亿立方米。内流水系有乌拉盖河、塔布河两个水系，流域面积22万平方千米，年径流量9.6亿立方米。全区地下水分布比较广泛，主要类型有上层滞水、潜水和承压水。据内蒙古自治区水利勘测设计院估算，自治区草原地下水补给量为97.6亿立方米，可开采量为27.5亿立方米，东部多于西部，山地、丘陵多于高原。

（1）呼和浩特市。呼和浩特市年平均降水量为335.2~534.6毫米，其地域分布是西南最少，年雨量仅350毫米，平原区在400毫米左右，大青山区在430～500毫米，最多是大青山乡至前响村，年均降水量达到534.6毫米，其次是井乡，年均降水量为489.3毫米，最少是在南坪乡、黑城乡、新营镇一带，年均降水量仅为335.2～362.8毫米。呼和浩特市境内河流有大黑河、小黑河、水磨沟，流域面积1380.9平方千米，沟长68.2千米，年平均径流量4972万立方米。1958年在沟口兴建红领巾水库1座，库容1650万立方米，灌溉面积11万亩，哈拉沁沟沟长55.6千米，流域面积708.7平方千米，年均径流量2622万立方米，全市河流总长度1075.8千米，河网密度为0.177千米/平方千米①。

（2）包头市。近40年资料统计，包头市平均降水量297.6毫米，辖区内河流多为山谷季节性河流，属黄河水系和内陆河水系，其中黄河水系流域面积8992.423平方千米，内陆河水系流域面积19129.312平方千米，属黄河水系的河流中除黄河为过境河之外，其余均为境内季节性河流，黄河是包头唯一的过境河流。在辖区内长约216公里。多年平均径流量259.56立方米。是包头市稳定的供水水源②。

（3）鄂尔多斯市。鄂尔多斯市水资源极为丰富。境内河流纵横，湖泊星罗棋布，有大小河流和季节性河谷多达百条，流域面积占总土地面积的44%左右，年均径流量为13.12亿立方米，其中黄河流经728.1公里，占黄河总长度的1/7左右，流域面积占黄河上中游地区总面积的1/5左右，年过境水量316亿立方米；有湖泊820个，总水域面积330多平方公里，储水量6.18亿立方米；地下水储量大、水质好、易开采，已探明储量相当于130个青海湖③。

（4）呼伦贝尔市。呼伦贝尔市水资源总量为316.19亿立方米，占自治区的56.4%。其中，地表水总量为298.19亿立方米，地下水总量为18亿立方米。水能资源理论蕴藏量246万千瓦，水域面积为48.32万公顷，占中国地表水资源量的1%，占全区地表水资源量的73%；地下水资源总量为14.6亿立方米。全市人均占有水资源量为1.1万立方米，高于世界人均占有量，是中国人均占有量的4.66倍。

（5）兴安盟。兴安盟境内河流分属黑龙江流域的嫩江水系和额尔古纳河水系、辽河流域的新开河水系以及内陆河流域的乌拉盖河水系。境内有绰尔河、洮儿河、归流河、蛟流河、霍林河、哈拉哈河等大小河流200多条，大小湖泊70多个。盟内流域总面积约598.06万公顷，年径流量49亿立方米。兴安盟湿地资源丰富，面积约39.7万公顷，占全盟土地总面积的6.6%，面积在120公顷以上的有264块。其中沼泽湿地分布最广，面积30.9万公顷，占全盟湿地的77.8%，

① 张辉，厉新建．旅游经济学原理［M］．北京：旅游教育出版社，2004.

② 王凯．中国县域旅游发展理论与实践研究［M］．西安：西安地图出版社，2006.

③ 盖尔·詹宁斯，谢彦君，陈丽．旅游研究方法［M］．北京：旅游教育出版社，2007.

主要分布在科右中旗、科右前旗、阿尔山市和扎赉特旗境内。其它还有7.1万公顷的河流湿地，1.2万公顷的湖泊湿地，0.5万公顷的库塘湿地。

（6）通辽市。通辽市流域面积100平方公里以上的河流共47条，自然湖泊600多个，有大、中、小型水库121座。水系以西辽河水系为主，分布在其支流西拉木伦河、老哈河、教来河以及新开河，还有东辽河下游和辽河干流的一部分支流、大凌河和霍林河的一部分。由于连年干旱，通辽境内辽河、新开河、教来河常年断流，70多座中小型水库干涸，局部地下水位下降，水资源匮乏。

（7）锡林郭勒盟。锡林郭勒盟主要河流有20条，大小湖泊1363个，其中淡水湖672个。分为三大水系。南部正蓝旗、多伦县境内的滦河水系，中部的呼尔查干诺尔水系，东北部的乌拉盖水系。锡林郭勒盟水资源总量为34.93亿立方米/年，其中地表水资源量9.08亿立方米/年，地下水资源量30.23亿立方米/年，基流量4.38亿立方米/年。水资源可利用量19.7亿立方米/年，其中地表水可利用量3.99亿立方米/年，地下水可开采量16.34亿立方米/年。除生活、生态、农业用水外，在保证率97%的前提下，可提供工业用水3.1亿立方米/年。现已建成大、中、小型水库25座，总库容4.6亿立方米，其中大型水库2座，即乌拉盖水库和西山湾水库，总库容34800万立方米；中型水库2座，总库容4500万立方米；小型水库21座，总库容44.3万立方米。

（8）赤峰市。赤峰市主要水系有乌尔吉沐沦河水系，包括乌兰坝河、浩尔吐河、干支嘎河、乌兰白旗河、查干白旗河、沙力河、欧木伦河、黑木伦河，总流域面积为27917平方公里；西拉木伦河水系，包括大克头河、碧掩河、查干沐沦河、少朗河、古力古台河、沙巴尔太河、木希嘎河等13条河流，总流域面积为28961平方公里；教来河水系，包括白塔子河、李家窝铺河、干沟子河、高力板河、腾克力河、孟克河，总流域面积为12397平方公里；老哈河水系，包括黑里河、英金河干流、饮马河、汐子河、锡伯河、西路嘎河等19条河流，总流域面积为28463平方公里；内陆河水系，包括贡格尔河、锡林郭勒河、伊和吉林郭勒河、巴嘎吉林郭勒河。贡格尔河流入达里诺尔，其余3条流入锡林郭勒盟。地上水年平均径流量为32.67亿立方米。

（9）乌兰察布市。乌兰察布市全市多年平均降水量为240亿立方米，转化为地面水（不包括黄河）7.24亿立方米，地下水径流量12.46亿立方米，全市有永定河、黄河、内陆河三大水系，共有季节性河流48条。水资源大多汇集于山丘之间的滩川区，有利于开发利用。水库总容量为8900万立方米，湖泊110个，驰名的岱海、黄旗海水域面积分别为16.5万亩和9万亩。

（10）巴彦淖尔市。巴彦淖尔市水资源丰富，黄河自东向西横贯全区，流经磴口县、杭锦后旗、临河区、五原县、乌拉特前旗，境内全长345千米。多年平均过境水流量为315亿立方米。河套灌区建有以三盛公黄河水利枢纽工程（包括引水总干渠）为主体的完整的引黄灌溉系统和以总排干沟及红圪卜扬水站为骨干的排水系统，引黄灌溉面积达57.4万公顷。境内湖泊资源较为丰富，有大小湖泊300多个，面积约47千公顷，多数分布于河套灌区，面积在100公顷以上的湖泊就有10个，其中位于后套平原东端的乌梁素海面积3万公顷，平均水深为0.7米，最大深度为2.5米，蓄水量为20993万立方米。以盛产黄河鲤鱼和芦苇著称。

（11）乌海市。乌海市地表水年径流量分布的总趋势：丘陵区大于平原区和山区。山区岩石裸露，地面坡度较大，径流深较大，一般为3～5毫米。丘陵地区植被差，地面坡度较大，径流深1.5～3毫米，宽谷沟地植被较多，地面坡度缓，其土壤多为沙壤土，径流深在1.5毫米以下，个别地区沙化严重，不产生径流。径流量年际、年内变化大，丰水年与枯水年水量相差悬殊，从几倍到几十倍，使用地表水灌溉用水保证程度很低。从年内变化来看，径流量集中在6～9月，个别年份10月有径流，其他时间一般无径流，由于雨量集中，一般情况下，降雨历时短，强度大，常形成暴雨山洪，造成水土流失。乌海市的水土流失区主要集中在丘陵区，其侵蚀模数为100～1000吨/平方千米。径流水质一般较好，矿化度小于1克/升，多为碳酸型水，适于农林牧业灌溉用水。黄河和山洪水泥沙含量大，又富有有机质，是引洪淤灌的良好水源。

（12）阿拉善盟。阿拉善盟黄河流经阿拉善左旗的乌索图、巴彦木仁苏木，在境内流程达85公里，年入境流量300多亿立方米。额济纳河是盟内唯一的季节性内陆河流，发源于祁连山北麓，流至巴彦宝格德水闸分二支。西为木仁高勒（西河），注入嘎顺淖尔（亦称西居延海）；东为鄂木讷高勒（东河），注入苏泊淖尔（亦称东居延海）、京斯田淖尔（又称古居延海、天鹅湖）和沙日淖尔。额济纳河在盟境内流程200多公里，年流量10亿立方米。贺兰山、雅布赖山，龙首山等山区许多冲沟中一般有潜水，有些出露成泉。在三大沙漠中分布有大小不等的湖盆500多个，面积约1.1万平方公里，其中草地湖盆面积1.07万平方公里，集水湖面积400多平方公里。这里绿草如茵，湖水荡漾，被称为沙漠中的绿洲，是良好的牧场。

3.3 社会经济概况

改革开放以来，内蒙古自治区经济社会发展较快（如图3－17所示），2014年全区实现生产总值17769.5亿元，按可比价格计算，增长7.8%。其中，第一产业增加值1627.2亿元，增长3.1%；第二产业增加值9219.8亿元，增长9.1%；第三产业增加值6922.6亿元，增长6.7%。人均生产总值达到71044元，增长7.5%，按年均汇率计算折合为11565美元。全区三次产业比例为9.1∶51.9∶39.0。2014年，全区公共财政预算收入完成1843.18亿元，完成预算任务的100.2%；比2013年增长7.1%，超全年预期增长7%的目标0.1个百分点。从各盟市来看，鄂尔多斯市（430.08亿元）、包头市（234.32亿元）、呼和浩特市（211.54亿元）和通辽市（113.06亿元）公共财政预算收入均超过了百亿元。从各旗县（市区）来看，全区102个旗县（市区）中，有100个旗县公共财政预算收入超过了亿元；其中东胜区（89.17亿元）、准格尔旗（76.71亿元）和伊金霍洛旗（75.21亿元）居前三位。2014年年末，全区常住人口为2504.8万人，比2013年增加7.2万人。其中，城镇人口为1490.6万人，乡村人口为1014.2万人。全年出生人口为23.3万人，出生率为9.31‰；死亡人口为14.4万人，死亡率为5.75‰；人口自然增长率为3.56‰。城镇化率达到59.5%，比2013年提高0.8个百分点（如图3-18所示）。

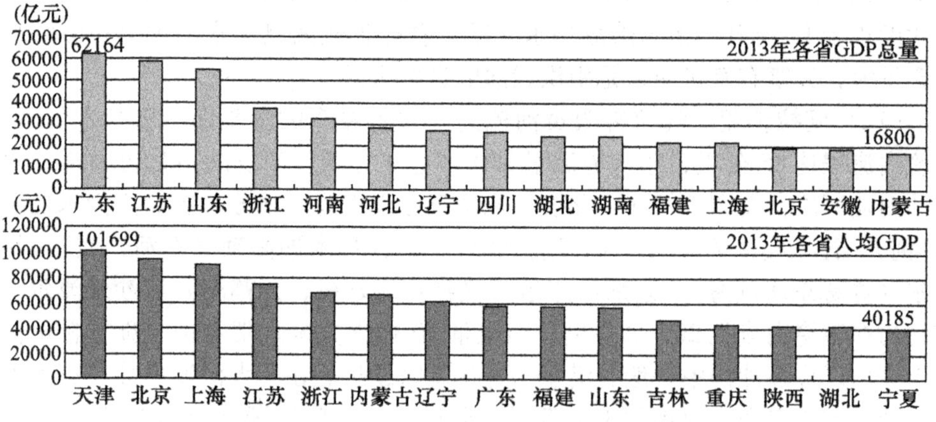

图3-17 2013年内蒙古自治区与全国其他省份GDP与人均GDP对比

（1）呼和浩特市。近年来，呼和浩特市国民经济始终保持又好又快发展的势头。2014年，全市经济总体上稳中有升，地区生产总值实现2894.05亿元，比上年增长8.0%。分产业看，第一产业实现增加值125.46亿元，同比增长3.1%；第二产业实现增加值848.19亿元，同比增长8.2%；第三产业增加值实现1920.40亿元，同比增长8.3%。三次产业的比重为4.3∶29.3∶66.4。2014年，城市居民消费价格比上年上涨1.2%。八大类价格"三升五降"，衣着、食品和医疗保健及个人用品类价格分别上涨4.0%、2.7%和0.7%；交通和通信、娱乐教育文化用品及服务、烟酒、家庭设备用品及维修服务和居住类分别下降1.2%、0.9%、0.4%、0.4%和0.2%。农村生活消费品价格总指数上涨1.5%。分项目看，除住房下降1.8%外，其他均上涨。医疗保健、衣着、服务项目类、家庭设备及用品、食品、交通类和文教娱乐用品分别比2013年上涨6.4%、4.3%、2.9%、1.3%、0.7%、0.1%和0.02%。农业生产资料价格总水平比2013年上涨0.6%，其中种子上涨10.0%，畜产品上涨7.3%，饲料上涨3.2%。全年公共财政预算收入实现211.54亿元，比2013年增长16.2%。全年公共财政预算支出310.79亿元，比2013年增长6.1%。财政支出向重点项目和重点领域倾斜，文化体育与传媒、农林水、商业服务业、国土海洋气象等累计支出60.68亿元，同比增长35.6%，占公共财政预算支出的19.5%，比2013年同期提高4.2个百分点。2014年末，全市常住人口为303.06万人，比2013年增加2.95万人。其中城镇人口为202.81万人，乡村人口为100.25万人，自然增长率为4.84‰，城镇化率达66.9%，比2013年提高0.7个百分点。

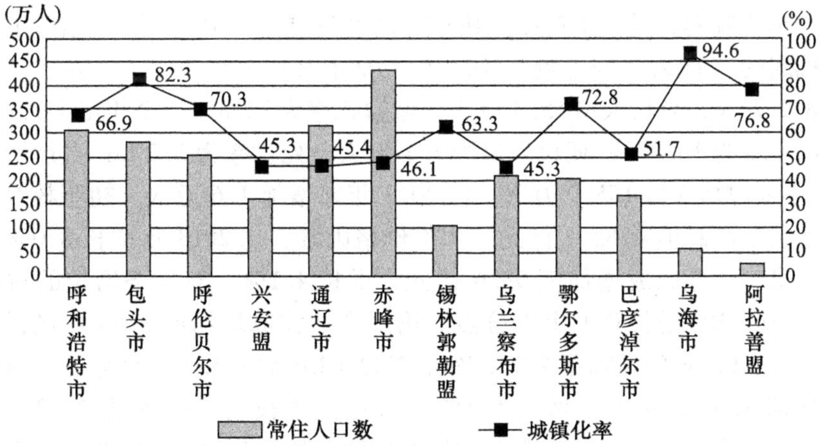

图3-18 2014年各盟市常住人口及城镇化率

（2）包头市。包头市2014年末全市常住总人口为279.9万人，比2013年末增加3.3万人，其中城镇人口230.5万人，乡村人口49.4万人。全市城镇化率达到82.3%，较2013年提高0.3个百分点。初步核算，全市实现生产总值3636.3亿元，按可比价格计算，比2013年增长8.5%。其中，第一产业增加值100.7亿元，增长3.1%；第二产业增加值1792.2亿元，增长9.9%；第三产业增加值1743.4亿元，增长7.2%。三次产业增加值占全市生产总值的比重分别为2.8%、49.3%和47.9%。全市人均生产总值达到130676元，增长7.2%，按年平均汇率折算为21273美元。全年居民消费价格总水平比2013年上涨1.8%。在八大类商品及服务中，除交通和通信价格下降1.4%以外，其余七类商品及服务价格均呈上涨态势。其中，食品价格涨幅达3.8%，拉动居民消费价格总水平上涨1.2个百分点。全市城镇新增就业4.1万人，其中城镇失业人员再就业人数0.7万人。年末城镇登记失业率为3.87%。全年公共财政预算收入234.3亿元，比2013年增长8.9%。其中，税收收入为150.0亿元，增长13.5%。从税种来看，国内增值税11.4亿元，下降27.7%；营业税37.1亿元，下降4.4%。全年公共财政预算支出353.7亿元，比2013年下降0.4%。其中，用于民生和社会事业的财政支出达292亿元，占公共财政预算支出的82.5%。在民生支出中，社会保障和就业支出58.4亿元，增长28.7%；城乡社区事务支出93.5亿元，增长16.8%；节能环保支出11.4亿元，增长45.0%。2014年全市常住总人口为279.9万人，比2013年末增加3.3万人，其中城镇人口230.5万人，乡村人口49.4万人。全市城镇化率达到82.3%，较2013年提高0.3个百分点。

（3）鄂尔多斯市。鄂尔多斯市从20世纪90年代中期开始，经济以前所未有的爆发力迅速崛起，进入了持续、快速、高效发展的“快车道”，创造了鄂尔多斯经济崛起的“神话”与奇迹，2014年末全市常住人口203.5万人，其中城镇人口148.2万人，乡村人口55.3万人，城镇化率为72.8%。全年出生人口为2.2万人，出生率为10.8‰；死亡人口为1.1万人，死亡率为5.2‰；自然增长率为5.6‰。年末户籍人口155.9万人，比2013年末增加1.6万人。初步核算，2014年全市地区生产总值4162.2亿元，扣除价格因素，比2013年增长8.0%。从产业来看，第一产业完成增加值99.6亿元，增长4.1%，对经济增长的贡献率为1.1%，拉动GDP增长0.1个百分点。第二产业完成增加值2463.0亿元，增长9.9%，对经济增长的贡献率为75.7%，拉动GDP增长6.1个百分点。第三产业完成增加值1599.6亿元，增长5.1%，对经济增长的贡献率为23.2%，拉动GDP增长1.8个百分点。三次产业增加值比例调整为2.4:59.2:38.4。全市公共财政预算收入430.1亿元，同比下降2.3%。其中，税收收入310亿元，占公共财政预算收入72%，同比下降2.7%；非税收入120.1亿元，占公共财政预算收入的28%，同比下降1.1%。全市公共财政预算支出541.8亿元，同比增长4.4%。全市新增就业33934人，比2013年增加619人。失业人员再就业4068人，就业困难人员再就业3221人。年末全市城镇实有登记失业人员19285人，比2013年增加4158人。城镇登记失业率为2.6%，比2013年下降0.1个百分点。2014年末全市常住人口203.5万人，其中城镇人口148.2万人，乡村人口55.3万人，城镇化率为72.8%。全年出生人口为2.2万人，出生率为10.8‰；死亡人口为1.1万人，死亡率为5.2‰；自然增长率为5.6‰。年末户籍人口为

155.9 万人，比 2013 年末增加 1.6 万人。

（4）呼伦贝尔市。呼伦贝尔市全市 2014 年生产总值（GDP）实现 1522.26 亿元，按可比价计算增长 8.4%，人均地区生产总值（GDP）60152 元，可比价增长 8.5%。其中，第一产业增加值 275.68 亿元，增长 5.5%；第二产业增加值 712.27 亿元，增长 10.3%，其中，工业增加值 615.32 亿元，增长 10.4%；建筑业增加值 102.71 亿元，增长 9.7%；第三产业增加值 534.31 亿元，增长 7.2%。三次产业结构比例由 2013 年的 18.1∶47.7∶34.2 调整为 18.1∶46.8∶35.1。2014 年末城镇新增就业人数 34288 人，失业人员再就业 9194 人，登记失业率为 3.84%。全市地方财政总收入 151.18 亿元，完成年度预算的 91.82%，与 2013 年持平。在地方财政总收入中，公共财政预算收入 96.03 亿元，完成年度预算的 102.04%，同比增加 8.89 亿元，增长 10.2%。全市公共财政预算支出 349.71 亿元，完成年度调整预算的 113.30%，同比增加 35.69 亿元，增长 11.4%。2014 年，全市出生人口为 2.02 万人，人口出生率为 7.98‰；死亡人口 1.59 万人，人口死亡率为 6.29‰。人口自然增长率为 1.69‰。城镇人口比重达到 70.26%。2014 年年末全市常住人口 252.95 万人。

（5）兴安盟。兴安盟 2014 年全年实现地区生产总值 459.85 亿元，按可比价格计算，比 2013 年增长 8.5%，其中，第一产业增加值 122.46 亿元，增长 5.7%；第二产业增加值 177.90 亿元，增长 11.0%；第三产业增加值 159.48 亿元，增长 7.6%。在地区生产总值中，第一产业、第二产业、第三产业比例由 2013 年的 29.8∶37.3∶32.9 调整为 26.6∶38.7∶34.7。第一产业、第二产业、第三产业对地区生产总值增长的贡献率分别为 17.4%、51.8% 和 30.8%。2014 年末全盟从业人员 86.57 万人，比 2013 年末减少 3.65 万人，下降 4.0%，其中，城镇单位从业人员 12.87 万人，比 2013 年末增加 0.04 万人；全部在岗职工（不含阿尔山森工集团和铁路职工）11.97 万人，比 2013 年末增加 0.05 万人；城镇个体、私营企业从业人员 13.94 万人，比 2013 年末减少 2.32 万人（城镇个体、私营企业从业人员数据由盟工商局提供）。登记失业人员 2014 年就业 13762 人，其中，城镇失业人员再就业 3622 人。2014 年末城镇登记失业率 4.0%，全年实现公共财政预算收入 21.88 亿元，增长 16.8%，其中，入地方库税收收入 17.53 亿元，增长 20.0%。全年公共财政预算支出 178.62 亿元，比 2013 年增长 7.1%，其中，一般公共服务支出 14.92 亿元，增长 10.4%；社会保障和就业支出 31.76 亿元，增长 11.5%；农林水事务支出 35.79 亿元，增长 5.6%；教育支出 24.03 亿元，增长 6.9%；医疗卫生与计划生育支出 12.41 亿元，与 2013 年持平；城乡社区支出 9.71 亿元，下降 30.8%。

（6）通辽市。通辽市经济实现持续稳定增长，2014 年全年完成地区生产总值（GDP）1886.80亿元，按可比价格计算，比2013年增长8.6%，增速高于全区0.8个百分点。其中，第一产业增加值完成267.61亿元，增长4.3%；第二产业增加值完成1065.47亿元，增长10.1%；第三产业增加值完成553.72亿元，增长7.3%。三次产业结构由2013年的14.4∶57.7∶27.9调整为14.2∶56.5∶29.3，与2013年相比，第三产业所占比重提高了1.4个百分点，第一产业、第二产业所占比重分别减少0.2个和1.2个百分点。按常住人口计算人均生产总值60380元，按2014年平均汇率计算为9829美元，增长8.8%。全市公共财政预算收入累计完成113.06亿元，比2013年增长9.1%。其中，税收收入71.97亿元，增长6.4%；非税收收入41.09亿元，增长14.2%。在税收收入中，增值税5.24亿元，下降18.3%；营业税15.39亿元，增长1.9%；企业所得税3.23亿元，下降16.9%；个人所得税1.33亿元，增长16.7%。全市完成公共财政预算支出318.20亿元，增长6.6%。其中，一般公共服务支出19.52亿元，下降13.1%；教育支出43.39亿元，增长3.3%；科学技术支出1.61亿元，下降24.1%；文化体育与传媒支出3.68亿元，下降8.9%；社会保障和就业支出51.75亿元，增长18.7%；医疗卫生与计划生育支出20.37亿元，增长8.9%；节能环保支出9.10亿元，下降14.0%；交通运输支出13.91亿元，下降10.1%；住房保障支出15.40亿元，增长8.1%；用于城乡社区事务和农林水事务的支出分别增长26.9%和1.3%。主城区居民消费价格总水平（CPI）比2013年上涨2.0%，其中，商品零售价格指数为101.3%。全市常住人口为312.40万人，出生人口为3.18万人，死亡人口为1.91万人，城镇人口为141.71万人，城镇人口比重为45.36%。截至2014年12月末，全市新增城镇就业1.80万人，农牧民转移就业48.29万人。城镇登记失业率为3.54%，低于调控目标0.36个百分点。

（7）锡林郭勒盟。锡林郭勒盟经济快速发展，综合实力不断增强。2014年末全盟常住人口为104.04万人，比2013年末增加0.15万人。其中，城镇常住人口为65.82万人，占总人口比重为63.26%；农村牧区常住人口为38.22万人，占总人口比重为36.74%。全年出生人口1.00万人，出生率为9.62‰；死亡人口为0.58万人，死亡率为5.61‰；自然增长人口为0.42万人，自然增长率为4.01‰。全年全盟实现地区生产总值940.59亿元，比2013年增长8.1%。其中，第一产业增加值98.49亿元，增长4.6%；第二产业增加值605.20亿元，增长9.5%；第三产业增加值236.90亿元，增长5.7%。第一产业对经济增长的贡献率为4.9%；第二产业的贡献率为78.2%；第三产业的贡献率为16.9%。第一产业增加值占国内生产总值的比重为10.5%，第二产业增加值比重为64.3%，第三产业增加值比重为25.2%。按常住人口计算，全年人均生产总值为90476元，比2013年增长7.9%，按年末汇率折算人均生产总值约14482美元。全盟城镇单位从业人员为360116人，比2013年末增长6.4%。全盟城镇当年新安置就业人员23022人，增长0.1%。其中，安置失业人员实现再就业4635人，安置就业困难人员5012人。转移农牧民就业人员103132人，下降6.9%，其中，本年转移就业22439人。劳务输出38805人，下降19.5%。对53户零就业家庭中的74名成员实施了就业援助，实现零就业家庭动态消零。新增城镇就业人员18346人，增长2.1%。年末城镇登记失业率为3.20%，同比下降0.04个百分点。城镇常住居民家庭恩格尔系数为35.1%，比2013年下降0.8个百分点。农村牧区常住居民家庭恩格尔系数为37.3%，下降1.8个百分点。城乡居民每百户主要耐用品拥有量均有不同程度增长。全年全盟完成地方财政总收入143.44亿元，比2013年增长0.1%。其中，公共财政预算收入82.49亿元，增长9.1%。公共财政预算支出208.01亿元，增长12.0%。其中，城乡社区事务支出20.22亿元，增长58.0%；医疗卫生支出13.64亿元，增长19.2%；住房保障支出8.52亿元，增长15.6%；教育支出24.72亿元，增长2.9%；社会保障和就业支出21.11亿元，下降0.9%；一般公共服务支出21.38亿元，下降11.7%。

（8）赤峰市。赤峰市2014年末全市常住人口为430.38万人，比2013年减少0.24万人。其中，城镇人口为198.18万人，占总人口比重为46.05%。全年出生人口为4.3万人，出生率为9.98‰；死亡人口为2.68万人，死亡率为6.22‰；人口自然增长率为3.76‰。初步核算，全市实现地区生产总值1778.37亿元，按可比价格计算，比2013年增长7.9%。其中，第一产业增加值274.39亿元，增长4.1%；第二产业增加值892.01亿元，增长9.7%；第三产业增加值611.97亿元，增长6.3%。按常住人口计算，人均生产总值达到41309元，增长8%，按年均汇率计算折合为6725美元。从产业结构来看，三次产业比例由2013年的15.7∶50.9∶33.4调整为15.4∶50.2∶34.4，第一产业比重下降0.3个百分点，第二产业下降0.7个百分点，第三产业提高1个百分点；从增长速度来看，第二产业达到9.7%，居三次产业之首，分别高于第一产业、第三产业5.6个和3.4个百分点；从贡献情况来看，三次产业对经济增长的贡献率分别为7.2%、66.9%和25.9%，第一产业较2013年下降1.2个百分点，第二产业提高2.5个百分点，第三产业下降1.3个百分点；从拉动经济增长情况来看，三次产业分别拉动经济增长0.6个、5.3个和2个百分点，第二产业分别高于第一产业、第三产业4.7个和3.3个百分点。全年居民消费价格总水平（CPI）为101.8%，比2013年上涨1.8%。其中食品类价格上涨3.1%。在食品类价格指数中，粮食价格上涨5.7%；食用植物油价格下降3.7%；肉禽及其制品价格上涨1.9%，干鲜瓜果价格上涨7.2%。其他各类消费品价格指数均有不同程度上涨或下降。2014年末，全市从业人员257.78万人，比2013年增加5.35万人，增长2.1%。其中，城镇单位在岗职工 35.97 万人，增加 4.6 万人；城镇私营和个体劳动者 30.37 万人，增加 4.48 万人；乡村从业人员 191.44 万人，减少 2.88 万人。全市城镇新增登记失业人数 2.45 万人，新增就业人数 3.17 万人，登记失业率 3.96%。全市农民工总量为 62.5 万人。全年完成公共财政预算收入 98.03 亿元，比 2013 年增加 6.85 亿元，增长 7.5%；12 个旗、县、区的公共财政预算收入均超过 3 亿元，其中红山区超过 20 亿元，元宝山区超过 11 亿元，克什克腾旗和松山区超过 7 亿元。全年公共财政预算支出 360.44 亿元，增加 13.42 亿元，增长 3.6%。其中教育支出 71.84 亿元，下降 2.1%；社会保障和就业支出 54.89 亿元，增长 2.5%；医疗卫生支出 31.04 亿元，增长 25%；住房保障支出 13.37 亿元，增长 2.8%。

（9）乌兰察布市。乌兰察布市近年来经济快速发展，2014 年地区生产总值完成 872.14 亿元，按不变价计算，比 2013 年增长 7.8%。其中，第一产业完成增加值 135.28 亿元，同比增长 3.4%；第二产业完成增加值 451.37 亿元，同比增长 10.1%。其中，全部工业增加值完成 400.38 亿元，同比增长 10.02%，建筑业完成增加值 50.99 亿元，增长 8.9%。第三产业完成增加值 285.49 亿元，同比增长 5.6%。从产业结构来看，三次产业结构由 2013 年的 16.1∶52.4∶31.5 调整为 2014 年的 15.5∶51.8∶32.7。一产比重下降了 0.6 个百分点，二产比重下降了 0.6 个百分点，三产比重上升了 1.2 个百分点。从不变价增长速度来看，第二产业增加值增速达到 10.1%。其中，工业增加值增速达到 10.2%，均高于地区生产总值平均增长速度。从贡献率来看，第一产业对 GDP 的贡献率为 4.2%，比 2013 年同期下降了 17.6%；第二产业对 GDP 的贡献率为 37.2%，比 2013 年同期提高了 3.4%；第三产业对 GDP 的贡献率为 58.6%，比 2014 年同期提高了 14.2%。从拉动 GDP 增长来看，第一产业拉动 GDP 增长 0.3 个百分点，第二产业拉动 GDP 增长 2.9 个百分点，第三产业拉动 GDP 增长 4.6 个百分点。常住人口人均地区生产总值达到了 41137 元，现价增长 4.9%。全年公共财政收入完成 51.02 亿元，同比增长 20.2%。其中，税收收入完成 39.73 亿元，同比增长 12.5%；非税收入完成 11.29 亿元，同比增长 58.3%。从地区来看，财政收入总量位居前三位的集宁区、丰镇市、凉城县分别完成 15.23 亿元、4.49 亿元、3.32 亿元；察右前旗、兴和县超过 3 亿元，察右后旗、卓资县超过 2 亿元，四子王旗、化德县、商都县、察右中旗超过 1 亿元。全市财政支出完成 297.19 亿元，同比增长 18.0%。其中，支持中小企业事务支出 12.11 亿元，增长 12.1%；科学技术支出 1.42 亿元，增长 35.8%；医疗卫生支出 19.02 亿元，增长 6.0%；社会保障和就业支出 68.5 亿元，增长 27.6%；一般公共服务支出 18.15 亿元，下降 2.1%。退耕还林、风沙源治理等节能环保支出 13.73 亿元，增长 4.4%。为贯彻落实自治区“8337”计划，各项重点支出得到了有力保障。中小企业事务支出、科学技术支出、医疗卫生支出、社会保障和就业等支出均实现了较快增长。在重点支出得到保障的同时，大力压缩一般性公务支出，努力降低运行成本，一般公共服务支出下降2.1%。全年居民消费价格指数（中心城区）为102.1%，同比上涨2.1%；其中，食品类价格指数为102.2%，上涨2.2%；烟酒及用品类为102.1%，上涨2.1%；衣着类价格指数为103.9%，上涨3.9%；家庭设备用品及服务价格指数为100.7%，上涨0.7%；医疗保健及个人用品为102.2%，上涨2.2%；交通及通信价格指数为100.2%，上涨0.2%；娱乐教育文化用品及服务价格指数为102.6%，上涨2.6%；居住类价格指数为101.3%，上涨1.3%。全年物价水平平稳发展。2014年末城镇单位从业人员16.44万人，同比下降1.8%。全年城镇新增就业人数17120人，其中，下岗失业再就业人员5161人，年末城镇登记失业率为3.94%。

（10）巴彦淖尔市。巴彦淖尔市2014年实现地区生产总值867.5亿元，按可比价格计算，比2013年增长7.8%。以产业来看，第一产业实现增加值168.5亿元，同比增长4.6%；第二产业实现增加值478.3亿元，同比增长9.5%；第三产业实现增加值220.8亿元，同比增长5.8%。从各产业贡献率来看：第一产业对经济增长的贡献率为10.3%，第二产业对经济增长的贡献率为71.9%，第三产业对经济增长的贡献率为17.8%。三次产业结构由2013年的19.4∶56.2∶24.4演进为19.4∶55.1∶25.5，第三产业比重比2013年提升1.1个百分点。全年人均地区生产总值完成5.2万元人民币，增长7.7%，按年平均汇率折算达到8449美元。全年全市居民消费价格总水平累计同比上涨1.7%。其中，城市上涨1.6%，农村上涨1.7%。分类别来看，调查的八大类商品价格“六涨二降”。其中，食品类上涨2.6%；烟酒及用品类下降0.2%；衣着类上涨1.2%；家庭设备及维修服务上涨0.9%；医疗保健和个人用品上涨1.5%；交通和通信类上涨0.6%；娱乐、教育、文化用品及服务上涨5.2%；居住类价格下降0.6%。从流通、生产、建设领域来看，商品零售价格总水平上涨1.2%；农业生产资料价格和固定资产投资价格总水平分别下降2.7%和0.7%。全年全市新增城镇就业人口1.4万人，城镇登记失业率为3.5%，低于控制目标0.5个百分点。全市农牧区劳动力转移就业16.5万人，其中转移六个月以上的12.8万人。全市城镇就业技能培训9036人，农牧民转移就业技能培训1.2万人。全市创业培训5512人。全市地方财政总收入完成95.5亿元，比2013年增长15.0%。其中，公共财政预算收入完成62.0亿元，同比增长7.0%。在公共财政预算收入中，税收收入完成44.2亿元，同比增长4.7%；非税收入17.8亿元，同比增长13.3%。全市公共财政预算支出完成193.8亿元，同比增长0.8%。其中，教育、文化体育传媒、社会保障、医疗卫生等民生支出完成 145.5 亿元，同比增长 7.9%，高于财政支出 7.1 个百分点。

（11）乌海市。乌海市 2014 年全市常住总人口 55.42 万人，比 2013 年增加 0.11 万人，其中城镇人口 52.41 万人，城镇人口比重为 94.57%，农区人口为 3.01 万人，农区人口比重为 5.43%；全年出生人口为 0.54 万人，出生率为 9.75‰，死亡人口为 0.27 万人，死亡率为 4.92‰，自然增长率为 4.83‰。全市实现地区生产总值 600.18 亿元，按可比价格计算，比 2013 年增长 8.8%，其中，第一产业增加值 4.74 亿元，增长 3.2%；第二产业增加值 383.37 亿元，增长 9.4%；第三产业增加值 212.07 亿元，增长 7.9%。按常住人口计算，全市人均 GDP 达到 108404 元，比 2013 年增长 8.3%，按年均汇率计算折合 17647 美元。三次产业结构由 2013 年的 0.9∶65.9∶33.2 调整为 0.8∶63.9∶35.3。全市居民消费价格指数为 101.8%，涨幅较 2013 年回落 2.2 个百分点。其中，食品类价格上涨 3.3%，低于 2013 年 2.3 个百分点；烟酒类价格上涨 0.6%，与 2013 年持平；衣着类价格上涨 1.1%，低于 2013 年 6.6 个百分点；娱乐教育用品及服务类价格上涨 1.0%，低于 2013 年 0.5 个百分点；居住类价格上涨 0.8%，低于 2013 年 4.2 个百分点；家庭设备用品及维修服务类价格上涨 2.7%，高于 2013 年 1.4 个百分点；医疗保健及个人用品类价格上涨 3.3%，高于 2013 年 1.8 个百分点；交通和通信类价格下降 1.1%。2014 年末全市从业人员 31.48 万人，比 2013 年末增加 1.91 万人。其中城镇从业人员 30.59 万人，比 2013 年末增加 1.84 万人。第一产业从业人员 0.89 万人，增加 0.07 万人；第二产业从业人员 9.36 万人，减少 0.89 万人；第三产业从业人员 21.23 万人，增加 2.73 万人。城镇单位从业人员 10.01 万人，减少 0.36 万人，其中在岗职工 10 万人，减少 0.32 万人。全市完成地方财政总收入 103.07 亿元，比 2013 年增长 0.4%。其中，公共财政预算收入 75.16 亿元，比 2013 年增长 9.7%。公共财政预算支出 94.78 亿元，比 2013 年增长 3.6%，其中，一般公共服务支出 5.2 亿元，比 2013 年下降 19.8%；教育支出 9.92 亿元，比 2013 年增长 19.8%；农林水事务支出 14.44 亿元，比 2013 年上涨 70.7%；交通运输支出 6.54 亿元，比 2013 年下降 5.1%。其中，用于民生和社会事业方面的支出达 70.68 亿元，占全市公共财政预算支出的比重为 74.6%。

（12）阿拉善盟。阿拉善盟 2014 年年末全旗户籍总人口 143347 人，比 2013 年增加 258 人，其中非农业人口 86995 人，占总人口 60.7%；男性 72248 人，占总人口的 50.4%。2014 年末少数民族人口 48770 人，其中，蒙古族 38914 人，占总人口的 27.1%。全年出生人口 1619 人，人口出生率 10.5‰；死亡人口 643 人，死亡率 4.2‰；自然增长人口 976 人，自然增长率 6.3‰。初步核算，全旗实现生产总值3714830万元，按可比价格计算，增长8.9%。其中，第一产业增加值79230万元，增长5.0%；第二产业增加值3116811万元，增长9.6%；第三产业增加值518789万元，增长5.0%。第一产业对经济增长的贡献率为0.3%；第二产业对经济增长的贡献率为91.9%；第三产业对经济增长的贡献率为7.8%；人均生产总值达到193352元，增长5.8%。在全旗生产总值中，第一产业、第二产业、第三产业比例由2013年的2.1∶84.5∶13.4调整到2.1∶83.9∶14.0，第三产业比重上升0.6个百分点。2014年年末，全旗新增就业人员3742人。其中，新增再就业人员686人。年末城镇登记失业人数为6264人，城镇登记失业率为3.69%。全年完成地方财政总收入382333万元，同比下降19.2%。其中地方公共预算收入完成203111万元，同比下降15.0%。全年公共财政预算支出447739万元，同比下降1.7%。公共与民生领域仍然是财政支出的重点。其中，一般公共服务支出36987万元，同比下降25.7%；社会保障和就业支出16230万元，同比下降0.6%；医疗卫生支出19233万元，同比增长14.1%；教育支出36966万元，同比下降8.4%；城乡社区事务支出118978万元，同比下降5.6%。

3.4 旅游发展现状

3.4.1 内蒙古自治区旅游业发展现状

3.4.1.1 旅游业发展现状

内蒙古旅游资源丰富、类型多样，草原风情、民族文化、北国风光、口岸边境等旅游资源独具特色，在全国具有明显的优势，特别是近几年，旅游业取得了快速发展，旅游基础设施和旅游服务设施得到显著改善，已初具产业规模，基本形成了以旅游中心城市为基础，以特色旅游产品为主导的良性互动发展格局，推出了草原、沙漠、森林、边境、民族风情、文化遗迹等独具特色的旅游项目，吸引了海内外大量游客，内蒙古自治区将逐渐成为中国21世纪生态旅游的重要基地。

（1）内蒙古自治区旅游业起步较晚，但发展速度较快。内蒙古自治区旅游业起步于20世纪80年代初期，先后经历了自发发展阶段（1990年以前）、旅游产业规模扩张阶段（1991～1999年）、旅游业快速发展阶段（2000～2014年），2014年旅游业总体保持较快增长态势，旅游业总收入1805.29亿元，相当于自治区GDP的

10.16%，首次突破10个百分点，相当于全区第三产业增加值的27.18%，比2013年增加了4.35个百分点（图3－19、图3－20、图3－21）。

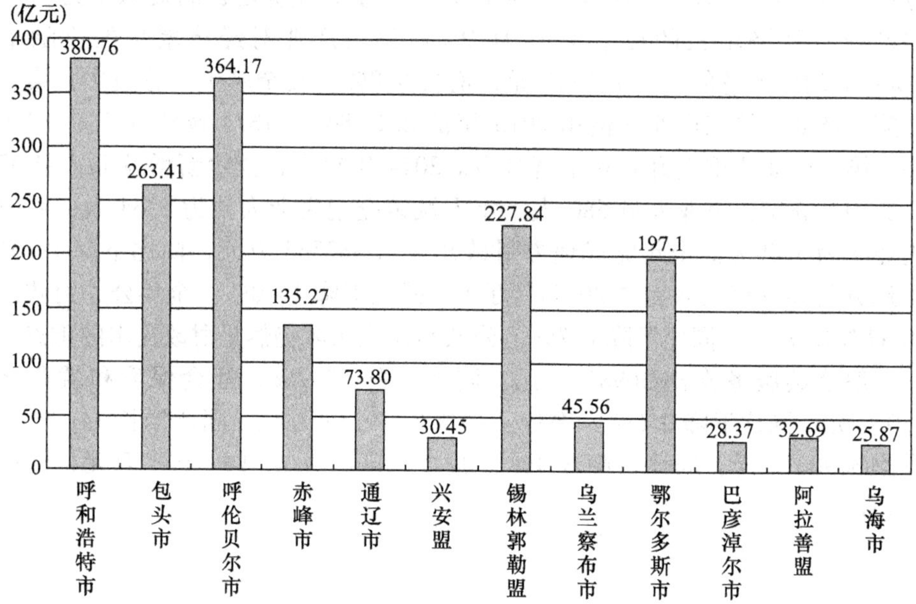

图3－19　2014年12盟市旅游总收入

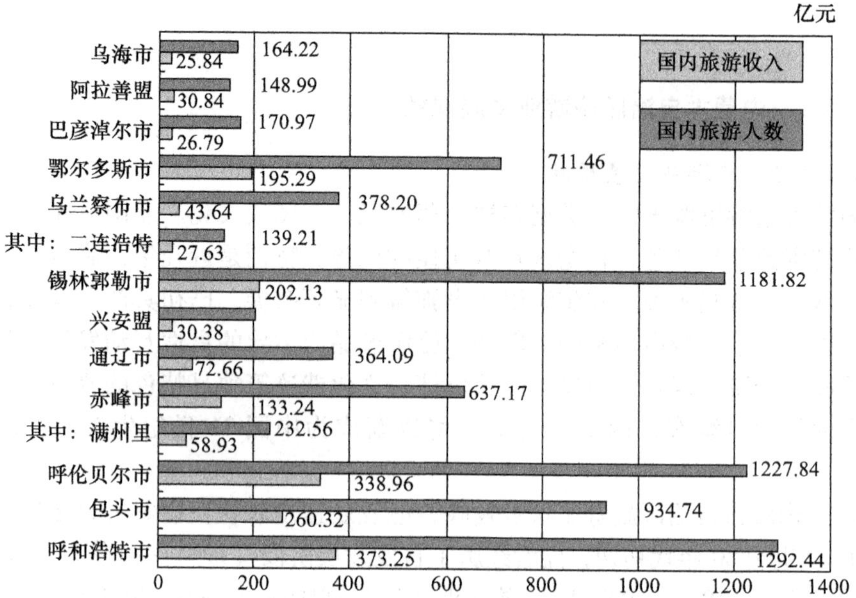

图3－20　2014年12盟市旅游总收入及人数柱状图

（2）旅游基础设施得到加强，旅游产业规模不断扩大。为了促进旅游业的快速发展，自治区政府加大了引导性投资力度，从2002年起，自治区政府每年拨专款2000万元建立了旅游发展基金，重点支持旅游宣传促销、旅游规划和旅游基础设施建设，同时，自治区预算内基本建设投资也逐年加大了对旅游业的投入。特别是2000年以来，国家累计安排旅游国债2.97亿元，用于内蒙古自治区重点旅游区的基础设施建设，促进了全区旅游基础设施建设，特别是旅游道路建设加快，使内蒙古自治区旅游可进入性显著增强，旅游发展的交通“瓶颈”制约得以缓解（图3－22、图3－23）。

（3）旅游产品开发力度加大，旅游精品正在形成。经过二十多年的旅游发展，内蒙古自治区依托自己拥有的资源优势，加大了旅游产品开发的力度，在特色主题旅游产品、重点旅游景区、区域旅游线路等三个旅游产品层面上取得了不同程度的进展，已经初步形成了以精品旅游景区为龙头的独具特色的旅游产品群，如以成吉思汗陵旅游精品区为龙头的蒙古族历史文化旅游产品群；以格根塔拉草原旅游中心、呼和诺尔草原旅游中心为龙头的草原生态旅游产品群；以阿尔山温泉度假旅游区为龙头的温泉、冰雪旅游产品群等。初步构建了呼伦贝尔—兴安盟草原、森林、冰雪生态旅游线路，锡林郭勒—克什克腾—喀喇沁草原风情、地质奇观旅游线路，呼和浩特—包头—乌兰察布—鄂尔多斯民族历史文化旅游线路，阿拉善大漠风情旅游线路四条旅游精品线路。这些旅游精品的逐步形成，为推动自治区旅游资源优势转化为产品优势，进而形成经济优势起到了推动作用。

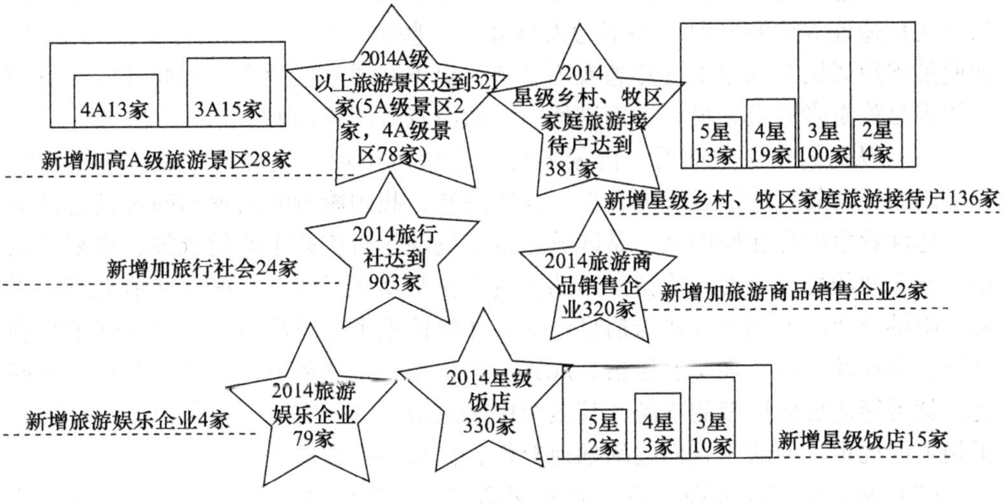

图3－22 2014年内蒙古自治区旅游企业变化

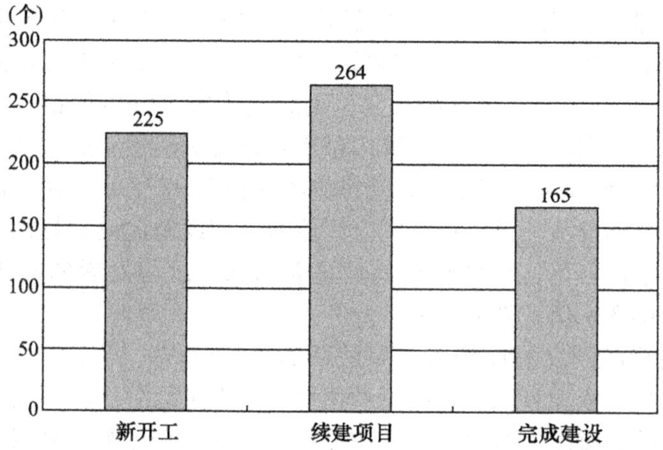

图 3-23　2014 年内蒙古自治区旅游项目变化

3.4.1.2　内蒙古旅游业发展存在的问题

（1）从旅游资源开发来看，内蒙古自治区旅游资源开发无序，旅游资源区位优势没有明显体现出来。内蒙古自治区旅游资源丰富，旅游资源优势明显。但长期以来对旅游资源的开发缺乏近期目标、中期目标、远期目标，重复建设、旅游资源过度开发等问题屡见不鲜，导致对旅游资源的盲目、掠夺性开发，造成严重的资源、资金的浪费。内蒙古地区有不少丰富的文化资源及休闲、观光场所，但是由于信息不畅、宣传不够，诸如呼和浩特市大窑文化遗址、鄂尔多斯市萨拉乌苏文化遗址等旅游资源，并不为人所知；一些位于城市近郊的旅游点与景观，即使是本地居民有的也不甚熟悉或不了解，更不必说外地游客。因此导致一方面不能满足旅游者要求，另一方面则使一些旅游资源闲置浪费。

（2）从旅游市场方面看，内蒙古自治区旅游市场开发混乱，旅游市场形象尚未确立，对外宣传缺乏深度合作。众所周知，我国旅游业出现的问题是恶性竞争，恶性竞争的存在原因之一是区域旅游市场缺乏对旅游企业的统筹、规划及旅游企业之间的协调不够。旅游产品的消费往往是众多行业互相配合才能完成。因此，旅游企业间要加强合作与信息沟通，才能使整个旅游活动一环扣一环地顺利进行。它涉及订票、乘车、住宿、观光、购物等一系列环节，其中一个环节有问题，就可能造成旅游者的不满，甚至会中断旅游活动的完成。国家对各行业进行了相关的规定，但缺少它们之间如何合作、如何协作的规定。

（3）从旅游交通方面来看，旅游交通需进一步改善，提升旅游交通区位优势。近几年，内蒙古地区扩建和改建了很多道路，也增设了大量新公交线路。但是，道路的增加与改善多数是为农业与工业的发展而建设，为旅游业专用的道路仍然很少。因此旅游交通状况并没有彻底改观，特别是节假日期间，各个景点的线路堵得水泄不通，导致良好的旅游资源并不能充分发挥它的价值。

（4）从旅游经济方面来看，旅游经济发展缓慢，区域旅游产品品种单一。由于旅游区域内旅游资源的单一性、旅游消费高的旅游项目又集中在少数的几个旅游产品上，旅游企业的逐利性，导致旅游产品重复现象，从而导致旅游恶性竞争，大大降低了当地旅游收入，影响了内蒙古地区旅游经济的快速发展。

3.4.2 各盟市旅游业发展现状

（1）呼和浩特市。随着呼和浩特市经济的不断发展，呼和浩特市旅游业进入快速发展期。旅游人数、旅游收入连续多年排名居自治区各盟市之首。旅游基础设施水平不断提高，接待能力加强。呼和浩特市以旅游资源中极具自然、文化魅力与市场吸引力的“一山、一湖、一地、一湾”为核心，以产品创新、要素完善为重点，打造了一批生态环境优美、文化特色彰显、服务品质优良、综合效益高、市场竞争力强的核心旅游建设项目，随着这些项目的顺利展开，旅游业增长速度快、市场潜力大、发展前景好的优势逐步显现，成为推动第三产业发展的龙头产业。2014 年，呼和浩特市旅游接待量突破 2500 万人次，旅游收入达到 413 亿元，旅游人数比 2013 年增长了 17%，旅游收入增长了 26%，共有星级饭店 34 家，其中五星级饭店 5 家，四星级饭店 8 家；旅行社 214 家，其中组团社 21 家；乡村旅游（农家乐）接待户 433 家，自治区级五星级乡村旅游接待户 2 家，自治区四星级乡村旅游接待户 6 家，国家 A 级景区 23 个。

（2）包头市。包头市围绕工业经济发展，大力推进生态旅游建设工程，结合市政综合治理，先后投资 13.25 亿元建设了阿尔丁植物园、游乐中心、南海生态旅游工程、啤酒文化生态公园项目等，与五当召、美岱召、天上草原旅游区等业已知名的景区内外呼应，形成了广场、游园、景区和大环境绿化、美化“四位一体”的旅游产品格局。近年来，包头市旅游业继续保持平稳快速发展态势，2014 年全市共接待国内外旅游者 938.33 万人次，同比增长 10.95%，旅游总收入达到 263.41 亿元，同比增长 27.06%，旅游总收入相当于全市 GDP 总值的 7.12%，全市 33 项重点旅游建设项目共完成投资 18.4 亿元，比 2013 年增长 1 倍。新增 A 级旅游景区 8 家。打造达茂旗游牧文化旅游节、老包头风情节等一批旅游节庆品牌，带动了旅游消费经济，共有星级饭店 34 家，其中五星级饭店 4 家，四星级饭店 58 家；旅行社 182 家，其中组团社 18 家；乡村旅游（农家乐）接待户 234 家，自治区级二星级乡村旅游接待户 1 家，自治区四星级乡村旅游接待户 4 家，2014 年农家乐共接待游客 256 万人次，营业收入近 2 亿元，解决就业 1 万余人。

（3）鄂尔多斯市。鄂尔多斯市以建设旅游大市为目标，坚持实施“旅游精品”战略，围绕“成吉思汗魂归地，鄂尔多斯蒙古风”整体旅游形象，打造成吉思汗陵旅游区、响沙湾、恩格贝“三大旅游精品工程”和七星湖、萨拉乌苏文化、阿尔寨石窟等“十项旅游重点建设工程”，着力构建“五区两线一中心”的旅游发展格局，成功打造出一批旅游“拳头产品”和知名品牌。2014 年，全市接待旅游者 751.2 万人次，同比增长 15.4%，其中入境旅游者 31059 人次；实现旅游总收入 197.1 亿元，同比增长 29.3%。全市国家 A 级旅游景区和全国工农业旅游示范点已达 47 家，其中国家 5A 级旅游景区 2 家，国家 4A 级旅游景区 21 家，国家 3A 级旅游景区 11 家，国家 2A 级旅游景区 9 家，全国工农业旅游示范点 4 家，A 级旅游景区的数量和质量继续居内蒙古自治区第一位。同时，响沙湾旅游区、康巴什旅游区、布龙湖温泉度假区、九城宫旅游区获评自治区级旅游度假区。鄂尔多斯市、包头市与宁、陕、甘等毗邻省区合作成立“西北风情”旅游联合会，联合推出了北京—鄂尔多斯—银川旅游线、西安—鄂尔多斯—包头旅游线、秦皇汉武—皇帝陵—成陵—西夏王陵旅游线等跨区域精品线路，有效带动了内蒙古地区旅游业的发展。

（4）呼伦贝尔市。近年来，呼伦贝尔市围绕打造中国草原旅游第一品牌的形象定位，用科学规划的手段，着力提升呼伦贝尔历史文化、民俗生态的旅游资源价值，已形成海拉尔、满洲里两大旅游中心城市，形成了三大旅游功能区，即海拉尔—额尔古纳—满洲里口岸民俗风情旅游区、鄂温克—陈旗—新左旗—新右旗草原风情旅游区、海拉尔（鄂温克）—牙克石—满洲里冬季冰雪旅游区。构建了四条旅游景观带，即扎兰屯—牙克石—海拉尔—满洲里“中东铁路沿线旅游景观带”、鄂伦春—根河—额尔古纳“北纬 50 度旅游景观带”、新左旗—新右旗—满洲里—额尔古纳“中俄蒙边境风情旅游带”、鄂温克—海拉尔—陈旗—额尔古纳—根河—漠河“穿越草原、走进大兴安岭中国北极旅游带”，将岭西、岭东、林区、牧区、边境和城市旅游资源有效地串联衔接，形成了纵横交织的旅游主干线。2014 年，全市接待国内外旅游者 1293.53 万人次（不含一日游），同比增长 13.42%；旅游业总收入 364.17 亿元，同比增长 30.6%，两项指标在全区均列第二位。2015 年第一季度，全市接待国内外游客 185 万人次（不包括一日游），同比增长 8.2%；旅游收入 49.95 亿元，同比增长 14.5%，旅游经济继续保持稳步增长。

（5）兴安盟。兴安盟地处大兴安岭向科尔沁草原和松嫩平原过渡带上，生态环境良好，景观层次分明，民族风情浓郁。在 6 万平方公里范围内，1/3 是草原，1/4 是森林，近 1/5 的面积是以湿地类型为主的各类自然保护区。蓝蓝的天空，无边的草原，九曲十八弯的青青河水，神圣的温泉，壮观的天池群，神秘的火山遗迹，圣洁的冰雪世界，庄严而令人肃然起敬的成吉思汗皇家园林，这些美丽的景点无不透射出这块土地神奇而迷人的魅力。往日“天苍苍、野茫茫，风吹草低见牛羊”的动人诗句正是这里的真实写照。经过多年努力，2014 年全盟接待国内游客 448 万人次，实现旅游收入 46 亿元，分别增长 24% 和 31%。全盟现有 4A 级景区 2 个、3A 级景区 3 个、2A 级景区 11 个，2 个国家级自然保护区和 5 个自治区级自然保护区，3 个国家森林公园和 1 个国家地质公园，1 个国家湿地公园，一座中国优秀旅游城市，一个国家冰雪训练基地。初步形成了融生态观光、休闲度假、康体养生、冰雪运动于一体的产品开发格局。

（6）通辽市。近年来，通辽市旅游市场呈现出全面攀升的发展态势，2007 年以来，被评为“中国优秀旅游城市”、“孝庄故里、草原名城”，也获得了“中国优秀旅游城市”这张“金名片”。2009 年被评为“中国城市旅游竞争力最具发展潜力城市”及“中国最美的六大草原之一”。与东北、华北、华东等地区 50 多个城市、1000 多家旅行社建立合作关系，与辽西 5 城市、长春—沈阳、秦皇岛—承德等构筑了区域联合体。2014 年全市共接待国内外游客 630.1 万人次，同比增长 26.02%，入境旅游者 2.44 万人次，同比增长 5%，实现旅游收入 150.08 亿元，同比增长 25.1%。截至 2015 年，通辽市共有 A 级旅游景区 23 家，其中，4A 级旅游景区 4 家，3A 级旅游景区 10 家；星级接待户 14 家，其中，五星级乡村旅游接待户 2 家，四星级乡村旅游接待户 6 家。旅行社 28 家，其中组团出境社 3 家；星级酒店 31 家，其中四星级 2 家，三星级 12 家；在旅游产品建设方面，通辽市的旅游产品仍以生态观光和草原文化产品为主，重点打造“大青沟观光之旅”、“科尔沁赛马”、“科尔沁草原文化之旅”等旅游产品。科尔沁草原文化融会在观光产品中，以活动形式体现，包括 8·18 赛马节、安代舞表演、马头琴表演、好力宝说唱表演等文艺形式。随着旅游规模的扩大，科尔沁草原文化旅游产品的挖掘不断深化，近年来，又深入挖掘孝庄、僧格林沁、嘎达梅林等名人故里，辽文化、马文化等特色文化内涵，重点打造“孝庄故里游”和“中国马王之乡游”等特色旅游产品，致力塑造“孝庄故里·马王之乡”的旅游产品形象。

（7）赤峰市。赤峰市历史文化源远流长，自然资源丰富多彩，是举世瞩目的红山文化的发祥地和契丹辽王朝的故都，现有各个时期历史文化遗址 7300 余处，其中已列为全国重点文物保护单位的有 50 处，均占到自治区总数的 1/3。全市草原总面积 8700 万亩，森林总面积 3300 万亩，拥有国家森林公园 6 处、国家级自然保护区 7 处，国家级水利风景区 7 处，地热温泉 3 处。拥有世界级文化旅游品牌 4 处（克什克腾世界地质公园、巴林右旗赛罕乌拉人与自然保护圈、敖汉全球 500 佳环境奖、世界农业文化遗产地），市内优良级旅游资源 109 处，居内蒙古自治区之首。在全区确定的31个旅游重点旗县区（市）中，赤峰市占了7个；2014年全年接待游客1139万人次，同比增长20.9%，旅游创收180亿元，同比增长23.9%，旅游收入增长比例高于旅游人次增长比例。全市拥有旅游景区（点）90个，其中国家A级以上景区22个。4A级5个、3A级8个、2A级9个。全国工业旅游示范区（点）2处，全国特色景观旅游名镇（村）3个。全市星级宾馆35家，其中四星级5家、三星级11家、二星级19家；旅行社67家，其中国际旅行社2家（赴台资质旅行社1家），分社1家。

（8）锡林郭勒盟。2009～2014年，锡林郭勒盟接待游客数增长2.4倍，旅游业总收入增长4倍。2014年全盟接待游客1276万人次，同比增长14.9%，实现旅游总收入226亿元，同比增长23.32%。锡林郭勒盟旅游业呈现出持续快速发展的良好态势。锡林郭勒盟位于首都北京的正北方，是内蒙古自治区距京津冀最近和最大的天然牧场、蒙古族民俗风情旅游休闲度假区。它保持了草原种类的多样性和自然景观与人文景观的和谐统一，被命名为“中国马都”、“中国优秀文化休闲旅游目的地”、“中国最美观光旅游目的地”的称号。锡林郭勒盟旅游接待游客人数和旅游总收入连续三年分别排内蒙古自治区第三位和第四位。锡林郭勒盟现有旅游景区（点）78处，A级景区达到23处，其中4A级景区5处、3A级景区7处、2A级景区11处，国家工农业旅游示范点1处，旅行社42家、旅行分社12家；全盟从事民族商品及手工艺品加工的企业发展到2000余家，“家庭旅馆”2000户；星级饭店25家，牧人之家（农家乐）420家。民族服饰、手工艺品和奶食品等特色旅游商品日渐丰富，形成3大类21个系列427个种类。赛马、滑雪、狩猎等娱乐项目逐步增多，以“食、住、行、游、购、娱”六要素为主的产业体系初具规模。

（9）乌兰察布市。乌兰察布旅游（文化）业自20世纪70年代末开始，经历了从旅游接待（外宾）到旅游事业再到旅游产业的发展历程，自始至终都贯穿了一条以民族民俗文化和草原文化为特色的主线。经过三十余年特别是近十年来的快速发展，乌兰察布市的旅游（文化）业已经具备了一定的基础，无论从接待人数还是从旅游收入而言，都取得了较好的成绩，乌兰察布市被中国气象学会命名为“中国草原避暑之都”。2014年接待游客1000万人次，实现旅游收入90亿元，分别增长25%和23%。初步形成了在区内外都叫得响的草原景观、蒙元文化为内涵的精品线路和景区景点品牌，主要有自治区中部的格根塔拉4A级草原精品线路游、辉腾锡勒高山草甸草原景区以及凉城岱海景区。国家首批4A级景区格根塔拉正在申报5A级景区；2009年岱海景区被评为4A级景区；辉腾锡勒景区通过整合资源正在申报4A级景区。三大景区建设专项推进使乌兰察布市景区建设提升优化，旅游品位明显提高。在旅游业大发展的背景之下，乌兰察布市按照“依托资源、注重项目、突出特色、锤炼精品”的思路，重点做大做强岱海、格根塔拉、辉腾锡勒三大景区。国家首批4A级景区格根塔拉正在申报5A级景区。

（10）巴彦淖尔市。截至2014年12月底，巴彦淖尔市共接待游客314.4万人次，较2013年同期增长了20.3%，旅游收入达30.2亿元，较2013年同期增长了25.7%。巴彦淖尔市在旅游产品的开发和建设上已初步形成了以“一条主线，两条辅线”为框架的发展格局。一条主线：以乌梁素海、阿拉奔草原、乌拉山森林公园和维信内蒙古高尔夫度假村为中心的湖光山色旅游线。两条辅线：以黄河枢纽工程、乌兰布和沙漠、阿贵庙为主的西部大漠风情旅游线；以乌拉特中旗、乌拉特后旗戈壁草原和边境为主的荒漠草原和边关民族风情旅游线。旅游资源在全国旅游资源单体类型分布中主类分8种，巴彦淖尔市有8种，占100%；亚类分31种，巴彦淖尔市有27种，占87.2%；基本类型分155种，巴彦淖尔市有77种，占49.7%。旅游资源大致可概括为“绿（草原、田园和次生林）、蓝（湖泊）、禽（乌梁素海鸟类）、野（戈壁自然野趣）、情（少数民族风情和边疆情趣）、史（历史遗存）”。全市范围内已形成以下具有一定规模和具备一定接待能力的旅游：维信高尔夫度假村、乌梁素海旅游度假区、临河镜湖生态园、乌中旗蒙古大营、海镇生态园、瑙干塔拉旅游点、磴口三盛公游乐园、阿贵山庄等；已开发的乌拉特草原风情游，草原高尔夫休闲游，乌梁素海观鸟游，河套农业生态游，乌拉山森林探秘游，黄河大漠观光游，古长城、阴山岩画怀古游，宗教寺院朝觐游，荒漠边关探险游等旅游产品，独具个性，各有特色。

（11）乌海市。近年来乌海市在城市建设中着力打造旅游产业，重点围绕乌海湖建设，全面加快城市转型的步伐和文化旅游城市的开发。加快推进环城水系建设，以乌海湖为依托，利用城边、山边、路边沟壑、沙坑建设的30多个人工湖，形成了“水在城中、城在水中、滨水而居”的城市格局；以生态环境和公园绿地建设为重点，加快推进城市绿化进程。按照景观大道、鲜花大道的要求，高标准建设了海北街、海拉路和人民路等主干道绿化工程；对城市空白区域都补种了植物，形成植物群落；围绕煤炭、葡萄、书画等多元特色文化，建设了神华墨玉广场、青山翰墨园、法制公园、乌珠慕主题公园等一批特色鲜明的园林。园林、绿地的建设，为市民提供了宜居、休闲的生活环境。截至2015年，全市已建成国家A级景区10个，全市共有旅行社23家，其中国内组团社15家，国际社分社4家，国内社分社4家。星级和拟评星级酒店14家，其中四星级1家、三星级3家、二星级7家、拟评星级酒店3家，入住率36.5%。全市住宿业企业及个体户有375家，入住率57.8%。全市已注册的旅游手工业艺术品会员企业9家，涉及牛皮烫画、苏绣、沙石画雕塑、手工饰品等10多个品种。持证导游员

103 人，从事导游工作的 45 人；景区讲解员 24 人。2014 年全市旅游业总收入为 25.87 亿元，同比增长 27.1%；接待国内旅游者 164.22 万人次，同比增长 12.8%。2015 年初，乌海湖休闲度假旅游区列入自治区品牌特色旅游景区，未来 3 年，这里将成长为更加成熟的旅游区，引领乌海市旅游业踏上新的里程。

（12）阿拉善盟。阿拉善盟奇异的大漠风光、秀美的贺兰山神韵、神秘的西夏古韵、雄浑的戈壁奇观、古老的居延文化、豪放的蒙古族风情、悠远的丝绸文明，构成了独具特色的旅游资源，也为开发阿拉善的观光旅游、休闲旅游、探险旅游和生态旅游区提供了广阔的前景。2014 年全年共接待国内外游客 337.7 万人次，旅游总收入 34.5 亿元，同比分别增长 22.6% 和 36.0%，现已开发经营旅游景区（点）20 多处，其中，国家 A 级旅游景区 12 家。旅行社 18 家，各类宾馆（酒店）400 多家，总床位数为 2.6 万张，具备了日接待游客 3.5 万人次的旅游服务能力；农牧区旅游接待户 139 家，旅游直接从业者 6200 人，间接从业人员 4 万余人，到 2020 年，阿拉善盟预计接待国内外游客 930 万人次，旅游总收入 140 亿元，旅游业总收入预计占全盟 GDP 的 18.8%。

第 4 章

内蒙古自治区旗（县、区）旅游区位条件分析

4.1 旅游资源区位分析

4.1.1 内蒙古自治区旅游资源概况

内蒙古自治区旅游资源丰富，草原、古迹、沙漠、湖泊、森林、民俗“六大奇观”构成独特的旅游胜景。辽阔美丽的大草原，吸引着无数国内外游客（表 4－1）。

表 4－1 内蒙古自治区旅游资源调查类型数量占全国的比例

类型	内蒙古自治区	全国	占全国比例（%）
主类	8	8	87.5
亚类	29	34	67.7
基本类	108	155	44.5

资料来源：《2003～2020 年呼和浩特市旅游发展总体规划》。

（1）呼和浩特市旅游资源概况。根据《呼和浩特市旅游资源分类、普查与评价报告》，呼和浩特市旅游资源的总体特征：旅游资源种类多，实体数量大，此次调查得到的实体数有 340 个；主要集中在呼和浩特市市区，土默特左旗、托

克托县、和林格尔县也有少量分布（表4-2）①。

表4-2 呼和浩特市旅游资源类型数量占内蒙古自治区和全国的比例

地区类型	呼和浩特市	内蒙古自治区	全国	占内蒙古自治区比例（%）	占全国比例（%）
主类	6	8	8	75	75
亚类	21	29	34	72.4	61
基本类	69	108	155	63.9	44.5
旅游资源单体数	340	1164	—	29.2	—

资料来源：《2003~2020年呼和浩特市旅游发展总体规划》。

（2）包头市旅游资源概况。根据《内蒙古旅游发展总体规划》、《包头市旅游发展规划》和旅游资源分类，并参考国家旅游局和中科院地理所2001年完成的国家自然科学基金"九五"重点研究项目成果②，调查结果显示包头市旅游资源的种类比较丰富。在统计的65个旅游资源单体里，品位都很高，拥有一批具备世界级、国家级影响力的旅游资源。旅游资源区域差异明显，各具特色（表4-3）。

表4-3 包头市旅游资源类型数量占内蒙古自治区和全国的比例

地区类型	包头市	内蒙古自治区	全国	占内蒙古自治区比例（%）	占全国比例（%）
主类	6	8	8	75	75
亚类	17	29	34	58.6	50
基本类	31	108	155	28.7	17.1
旅游资源单体数	65	1164	—	5.58	—

资料来源：《呼和浩特市、包头市、鄂尔多斯市旅游发展总体规划》。

（3）鄂尔多斯市旅游资源概况。根据《内蒙古自治区鄂尔多斯市旅游发展总体规划（2004~2020年）》鄂尔多斯市旅游资源共涉及7个主类、21个亚类和42个基本类型，通过对99个旅游资源单体调查，整体特征是旅游丰度较高，旅游资源种类丰富，旅游资源规模大，吸引范围广，开发的潜力强。旅游资源分别为地文景观、水域风光、生物景观、遗址遗迹、建筑与设施、旅游商品和人文活动等（表4-4）。

① 张辉．转型时期中国旅游产业环境、制度与模式研究［M］．北京：旅游教育出版社，2005.

② 聂华林，王成勇．区域经济学通论［M］．北京：中国社会科学出版社，2006.

表 4－4　鄂尔多斯市旅游资源类型数量占内蒙古自治区和全国的比例

地区类型	鄂尔多斯市	内蒙古自治区	全国	占内蒙古自治区比例（%）	占全国比例（%）
主类	7	8	8	87.5	87.5
亚类	21	29	34	72.4	61.8
基本类	31	108	155	38.9	23.2
旅游资源单体数	99	1164	—	8.5	—

资料来源：《内蒙古自治区鄂尔多斯市旅游发展总体规划（2004～2020 年）》。

（4）呼伦贝尔市旅游资源概况。呼伦贝尔市的旅游资源丰富，类型多样，主要由草原、矿泉、森林、冰雪、湖泊、河流、民族风情和边境风光等组成。其中最突出的是草原旅游资源，吸引范围超过 1000 平方公里，极具开发价值，主要分布在呼伦贝尔市。该旅游区是蒙古族、达斡尔族、鄂温克族、鄂伦春族等少数民族繁衍生息之地，保存着浓郁的少数民族风情和独特的生产生活方式（如游牧、狩猎、农耕等），加之毗邻俄罗斯、蒙古等国，具有强烈的边疆情调，成为重要的民俗景观，是全国民俗文化资源组合条件较好的地区，尤其是该旅游区作为鄂伦春族、鄂温克族、达斡尔族、华俄后裔等民族最主要的聚居地，其民俗文化资源具有唯一性，根据国家旅游局最新颁布实施的《中国国家标准——旅游资源分类、调查和评价》，全盟已知旅游资源单体共 180 余处。分属 8 个主类、24 个亚类和 55 个基本类型。旅游资源的类型和单体数量都比较丰富，自然观光方面的旅游资源尤其突出，在全国同类地区和内蒙古自治区各盟市中都占有重要地位（表 4－5）。

表 4－5　呼伦贝尔市旅游资源类型统计表

资源类型	国家类型数		呼伦贝尔市类型数		比例（%）	
	亚类	基本类型	亚类	基本类型	亚类	基本类型
地文景观	5	37	3	8	64.71	28.17
水域风光	6	15	4	6		
生物景观	4	11	3	5		
气候景观	2	8	1	1		
小计	17	71	11	20		
遗址遗迹	2	12	2	6	92.86	42.86
建筑与设施	7	49	7	19		
旅游商品	1	7	1	3		
人文活动	4	16	3	8		
小计	14	84	13	36		
总计	31	155	24	56	77.42	36.13

资料来源：汪德根 · 呼伦贝尔—阿尔山旅游区旅游资源空间结构研究［J］. 干旱区地理，2008，31（3）：456－463.

(5) 兴安盟旅游资源概况。兴安盟地处科尔沁草原、锡林郭勒草原、呼伦贝尔草原、蒙古草原的交会地带，蒙古族比例为全国最高，蒙古族人口占40%，是蒙元文化的发源地，旅游资源的形成与独特的草原自然条件和人文环境密不可分。在旅游商品中，民族工艺和畜牧产品来源于历史悠久的游牧生活方式，如蒙古袍是蒙古族人在长期游牧生活中形成的独特服装；山羊绒具有轻、软、柔、暖的特点，而山羊是该区传统牧业经济的五畜之一，是蒙古族牧民自古以来驯养、繁殖、经营的主要畜种。近年来，旅游纪念品的种类和游客对纪念品的认同直接影响到旅游目的地的竞争力，兴安盟可以利用草原文化的优势，开发富有民族特色的旅游纪念品。在旗县市旅游资源数量中，遗址与遗迹均占首位，包括自辽金以来历经千余年的古城、陵寝、摩崖、洞穴、寺庙等，同样体现了草原文化脉络的延续，(表4-6)。

表4-6 兴安盟旅游资源类型数量统计表

资源类型	科尔沁右翼中旗	突泉县	扎赉特旗	乌兰浩特市	科尔沁右翼中旗	阿尔山市
地文景观	22	43	7	0	3	14
水域风光	12	14	10	2	5	19
生物景观	17	13	20	2	3	5
天象与气候景观	0	1	6	0	0	1
遗址遗迹	11	2	5	4	6	6
建筑与设施	64	24	17	21	17	7
旅游商品	49	27	46	10	0	1
人文活动	51	6	47	18	7	3
总量	226	130	158	57	41	56
资源丰度（个/100平方公里）	1.4	2.7	1.4	6.7	0.2	0.8

资料来源：付华，李俊彦．内蒙古兴安盟旅游资源单体的特征与开发［J］．地理研究，2010，29(3)：565-573.

(6) 通辽市旅游资源概况。通辽市“南部沙漠、中部湖泊、北部草原”的资源布局，草原、森林、沙漠、湖泊、山峰、滑雪、冰川遗迹各具特色，适宜都市消费群体“回归自然”的旅游需求。是蒙古、契丹等北方民族的发祥地，是众多名人的成长之地，也是全国、全区蒙古族人口最多的地区，赛马、射箭、摔跤、住蒙古包、吃手抓肉等，民族风情浓郁，文化底蕴深厚，通辽是开展草原文化游、访古探秘游、民族风情游、休闲度假游、“农家乐”“牧家乐”民俗游、沙漠越野探险观光游、自驾游、红色旅游、工业旅游的理想之地，根据国家旅游局最新颁布实施的《中国国家标准——旅游资源分类、调查和评价》，全盟已知旅游资源单体共288处，分属8个主类（表4－7）。

表4－7 通辽市旅游资源类型及其比例构成表

资源类型	基本类型			资源单体	
	全国	通辽市	比例（%）	单体数	比例（%）
地文景观	37	10	27	50	17.3
水域风光	16	4	25	20	6.9
生物景观	11	7	63.6	22	7.6
天象与气候景观	8	2	25	2	0.7
遗址遗迹	12	5	41.7	14	4.9
建筑与设施	49	19	38.8	131	45.5
旅游商品	7	3	42.9	13	4.5
人文活动	16	9	56.3	37	12.8
合计	155	59	—	288	—

资料来源：赵海燕．通辽市旅游资源评价与开发［D］．辽宁师范大学硕士学位论文，2012（6）．

（7）赤峰市旅游资源概况。赤峰市国土面积90021平方公里，人口450余万，是我国所辖范围最大的地区城市之一，人口密度小，是一块“暂离喧嚣闹市，体验天马行空”的理想之地。根据国家旅游局最新颁布实施的《中国国家标准——旅游资源分类、调查和评价》，全盟已知旅游资源单体共248处。分属8个主类，23个亚类和57个基本类型。旅游资源的类型和单体数量都比较丰富，在全国同类地区和内蒙古各盟市中都占有重要地位。市域内的自然地质和生态景观品位高而且极具珍稀性，这些景观主要分布在克什克腾旗和翁牛特旗以及西辽河沿岸地区，代表性的景区：号称“百鸟乐园”、“草原明珠”的达里诺尔湖国家级自然保护区，位于克什克腾旗东部的大青山穴蚀群，形成于300万年前第四纪冰川时期的阿斯哈图冰石林、被称为“神树”的白音敖包沙地云杉，集沙地、草原、湖泊、奇山于一体的玉龙综合旅游开发区等。此外，赤峰市还有野花遍地的贡格尔草原和乌兰布统草原；马鞍山、潢源、大黑山等不同等级的自然保护区；赤峰市北部诸旗有大兴安岭森林资源以及宁城和克旗的热水资源等，都可以开发生态度假、观光娱乐、保健、美食以及生态环境科考等诸多旅游项目（表4－8）。

表 4-8　赤峰市旅游资源类型数量占内蒙古自治区和全国的比例

地区类型	赤峰市	内蒙古自治区	全国	占内蒙古自治区比例（%）	占全国比例（%）
主类	8	8	8	100	100
亚类	23	29	34	79.3	67.6
基本类	57	108	155	52.7	36.8
旅游资源单体数	248	1164	—	21.3	—

资料来源：张艳玲．赤峰市旅游资源评价与开发［D］．辽宁师范大学硕士学位论文，2012（6）．

（8）锡林郭勒盟旅游资源概况。根据国家旅游局最新颁布实施的《中国国家标准——旅游资源分类、调查和评价》，全盟已知旅游资源单体共 180 余处。分属 8 个主类，27 个亚类和 67 个基本类型。旅游资源的类型和单体数量都比较丰富，民俗和历史遗迹方面的旅游资源尤其突出，在全国同类地区和内蒙古各盟市中都占有重要地位。旅游资源分属 8 个主类：一是地文景观类，包括浑善达克沙地、多伦环、二连浩特恐龙化石遗址、通古尔化石群、宝德尔楚鲁天然石雕群、成吉思汗宝格都乌拉、平顶山、乌里雅斯太山等；二是水域风光类，包括锡林河、乌拉盖河、滦河、巴拉格尔河、白音查干淖尔、扎格斯太淖尔、额吉淖尔、呼痕湖、阿尔善矿泉及锡林郭勒大草原等；三是生物景观类，包括宝格达森林、乌和尔沁敖包林场、蔡木山国家级自然保护区、白音锡勒自然保护区、锡林郭勒草原、浑善达克沙地疏林、金莲川草原、贺斯格淖尔湿地等；四是天象与气候景观类，包括浑善达克沙地海市蜃楼，夏季清凉干爽的气候，草原日出、日落等；五是遗址遗迹类，包括玄石坡，立马峰，康熙会盟地，额吉淖——根据地盐税源地，旅蒙商道遗迹玉龙栈，元上都遗址，侍郎城遗址，金界壕，燕、秦、汉古长城等；六是建筑与设施类，包括中国科学院内蒙古自治区草原生态系统定位研究站、蒙古汗城旅游点、乌里雅斯太山度假区、葛根敖包度假村、警宫度假村、西乌珠穆沁游牧部落、赛汗塔拉旅游娱乐园、忽必烈夏宫旅游度假村、滦源殿旅游度假村、南沙梁旅游度假村、锡林河草原度假村、西山湾旅游区、太旗皇家御马苑、洪格尔高勒旅游区、贝子庙、汇宗寺、善因寺、杨都庙、多伦清真寺、浩其特庙、多伦玛瑙生产加工基地、白音锡勒英纯血马配种场、朱日和风力发电试验站、正蓝旗蒙古包生产基地及乳业产业生产基地、二连浩特市口岸、珠恩嘎达布其口岸、平顶山“平台落日”观赏点、灰嘴锡勒天然植物园、镶黄旗民俗文物及革命历史展览馆、二连恐龙博物馆、锡林浩特恐龙博物馆、锡林广场、蒙元文化苑、西乌珠穆沁那达慕广场、正蓝旗忽必烈广场、二连大众休闲广场、德王府、山西会馆以及锡林水库、乌拉盖水库、滦源殿水库、西山湾水库等；七是旅游商品类，包括手把肉、绿色野菜、奶茶、奶皮、奶豆腐、奶酪等各种奶制品，马奶酒和牛奶酒，蒙医医药，蒙古族服饰，蒙古刀，蒙古包，玛瑙，皮制民族工艺品，蒙古族日常生活、生产用品；八是人文活动类，包括明安图，纳·赛因朝克图，乌兰夫，康熙会盟，察哈尔骑兵，知识青年牧区插队，两都巡幸，乌兰牧骑，草原歌舞《敖包相会》、《天堂》等，老鬼的《血色黄昏》，张承志的《黑骏马》，姜戎的《狼图腾》等，蒙古族传统牧民生活、生产方式，祭敖包，蒙古长调，马头琴，蒙古搏克，赛马，射箭，马术，赛骆驼，那达慕以及专题旅游文化节等。通过专家对以上资源的评价结果显示：全盟共有23个优良级旅游资源单体。将主导旅游资源即大草原和蒙古族风情作为分区的主导因素，结合考虑其他旅游资源的分布和各地的旅游开发现状等因素，全盟可以分成乌珠穆沁旅游资源区、锡林浩特及阿巴嘎旅游资源区、苏尼特旅游资源区和察哈尔旅游资源区（表4－9）。

表4－9 锡林郭勒盟旅游资源类型数量占内蒙古自治区和全国的比例

地区类型	锡林郭勒盟	内蒙古自治区	全国	占内蒙古自治区比例（%）	占全国比例（%）
主类	8	8	8	100	100
亚类	27	29	34	93.1	79.4
基本类	67	108	155	62.0	43.2
旅游资源单体数	180	1164	—	15.4	—

（9）乌兰察布市旅游资源概况。乌兰察布市幅员辽阔，景观类型多样，民族风情浓郁，历史文化悠久，文物古迹众多。乌兰察布市是国务院批准的对外开放城市，这里是距北京最近的草原旅游度假胜地，“天堂草原”、“蓝色乌兰察布”、“神舟家园”、“北京后花园”品牌享誉国内外，其绮丽的自然风光、深厚的历史文化和丰富的民族风情交融一体，各类景观，特别是与蒙古族文化和察哈尔文化相结合的草原生态旅游更是独具特色，努力成为吸引国内外游客的知名品牌。有三处景区最负盛名：杜尔伯特草原的格根塔拉草原旅游中心是全国最大的4A级草原旅游景区，是国家旅游局首批命名的4A级景区，是内蒙古自治区五大草原旅游景区之一，2004年7月被国家旅游局命名为首批全国工农（牧）业旅游示范点，19年以来共接待中外游客120多万人次。近年来随着“神舟”系列飞船在四子王旗草原深处胜利回归，神舟系列载人飞船着陆点已成为无数中外游人心仪已久的旅游目的地。辉腾锡勒草原是世界罕见的高山草甸草原，境内天然湖泊星罗棋布，素有“九十九泉”的美称。“草原天池”岱海是内蒙古自治区第三大内陆湖泊，水质清新，四周湿地保护良好，滩涂草原广阔，野生动植物资源丰富，是国内为数不多的高原无污染草原湖泊之一。岱海温泉旅游区是理想的避

暑疗养胜地，正在申报国家5A级景区。乌兰察布市旅游以草原风情旅游为主体，突出民族历史文化内涵，该市把乌兰察布旅游景区纳入京津冀地区和呼和浩特旅游圈，精心打造以“欢乐草原、神舟家园”为品牌的北方最大、全国著名的草原民族风情和历史文化旅游重点区域，旅游业成为全市第三产业发展的新亮点。

根据《旅游资源分类、调查与评价》（GB/T18972－2003）的评价体系，对乌兰察布主要旅游资源单体进行调查分析，共计调查8个主类、25个亚类、60个基本类型，调查统计得出有一定价值的旅游资源单体共228处（表4－10、表4－11）。

表4－10　乌兰察布市旅游资源类型数量占内蒙古自治区和全国的比例

地区类型	锡林郭勒盟	内蒙古自治区	全国	占内蒙古自治区比例（%）	占全国比例（%）
主类	8	8	8	100	100
亚类	25	29	34	86.20	73.5
基本类	60	108	155	55.60	38.7
旅游资源单体数	228	1164	—	19.60	—

表4－11　乌兰察布市旅游资源类型数量占内蒙古自治区和全国比例详细表

资源类型	全国类型	数量	占全国比例（%）
地文景观	37	8	21.6
水域风光	15	5	33.3
生物景观	11	5	45.5
气象景观	8	4	50.0
遗迹遗址	12	8	66.7
建筑与设施	49	18	36.8
旅游商品	7	4	57.1
人文活动	16	9	56.3
合计	155	61	39.3

（10）巴彦淖尔市旅游资源概况。巴彦淖尔市河套文化旅游资源涵盖遗址遗迹、地文景观、水域风光、生物景观、建筑与设施、旅游商品、人文活动等，共238处，而且各主类资源单体数量多，富有特色，如人文活动类旅游资源体现民俗风情（乌拉特蒙古族风情、河套田园风情）；旅游商品类旅游资源富有地方特色（河套老窖、河套雪花粉）；遗址遗迹类旅游资源分布广泛、文脉深厚（有石器时代的达日盖新石器时代遗址、阿拉奔新石器时代遗址和后契勒陶力盖遗址；

小佘太秦长城等古城遗址）。

根据《旅游资源分类、调查与评价》（GB/T18972－2003）的评价体系，对巴彦淖尔市主要旅游资源单体进行调查分析，共计调查8个主类、25个亚类，调查统计得出有一定价值的旅游资源单体共82处（表4－12、表4－13）。

表4－12 巴彦淖尔市旅游资源类型数量占内蒙古自治区和全国的比例

地区类型	巴彦淖尔	内蒙古自治区	全国	占内蒙古自治区比例（%）	占全国比例（%）
主类	8	8	8	100	100
亚类	25	29	34	86.20	73.5
基本类	82	108	155	55.60	38.7
旅游资源单体数	238	1164	—	19.60	—

表4－13 巴彦淖尔市旅游资源类型数量占内蒙古自治区和全国比例详细表

资源类型	全国类型	数量	占全国比例（%）
地文景观	37	26	21.6
水域风光	15	13	33.3
生物景观	11	15	45.5
气象景观	8	3	50.0
遗迹遗址	12	28	66.7
建筑与设施	49	11	36.8
旅游商品	7	0	57.1
人文活动	16	1	56.3

（11）乌海市旅游资源概况。乌海市境内群山环绕，戈壁、荒漠、沙漠、草原分布期间，地质地貌的多样性也为旅游的发展提供了良好的基础条件。乌海市是我国西北和华北的接合部，是西北风情独特的区域。

黄河风光。乌海市位于黄河上游区域，黄河穿境而过逾百公里，由南向北顺流而下，沿途分布着大大小小十几个河心岛。

沙漠生态风光。主要有马堡店生态旅游区、金沙湾生态旅游区，其中的金沙湾生态旅游区是3A级旅游景区，它位于乌海市以北11公里处，西濒黄河东枕桌子山脉。此处沙丘连绵，酷似海湾有大漠之地，因其沙色金黄而被人称为“金沙湾”。该景区总面积约3万亩，具有典型荒漠特点，主要项目有沙漠特色旅游、滑沙、沙地摩托车、沙滩排球、沙疗健身娱乐等。

山岳与地质构造奇观。主要有甘德尔山、桌子山等。受燕山期和加里东期造山运动的影响，从远古到现在的十几个地质年代的地层均有分布和出露，有蘑菇山、岩溶洞、飞来峰、奇峡谷等，其中有名的是甘德尔山奇峡谷，又称“一线天”，谷长650米，两边奇峰耸立，犹如刀斧劈就一般，最窄处不过一两米。进谷百余米，有一巨石正巧夹于两壁之间，凌空盘踞，给整个峡谷平添了一份神秘。

绿色生态景观。主要包括四合木自然保护区、龙游湾湿地公园、一棵树生态旅游区、黄河湿地景观区、金水乐园、乌海植物园、葡萄及葡萄系列产品。其中四合木自然保护区中的植物四合木为全国唯一的特有单种孤本属植物，被称为植物中的“大熊猫”。此外，龙游湾湿地公园已完成规划设计。

古城旅游资源。主要包括汉代古城遗址、明代烽火台、马堡店遗址、秦长城遗址等。汉代古城遗址位于北新地乡城梁村的碧野里，有一堆长300米，宽300米左右的土丘，据考查这是汉代的古城墙，极有可能是汉武帝沿黄河修建的三十座城池中的一座。这里，曾出土过汉代的五铢钱、半两钱以及大量带有纹饰的陶片等。

历史活动遗迹。集中体现在桌子山岩画、召烧沟岩画群、摩尔沟岩画、苏白沟岩画。其中桌子山岩画群是新石器至青铜时代北方游牧民族的艺术珍品，分布广、数量多、内容丰富、风格古朴，在国内外占有相当高的地位，岩画内容多为太阳神等人面像、动物图形、狩猎图、符号等，内容丰富多彩，形象生动，其原始宗教色彩浓厚，磨刻风格独具一格，特别是距市区10公里处的人面像岩画，为中国和世界人面像岩画之精华。桌子山岩画具有丰富的文化内涵和重要的美学价值，引起了中外学术界的广泛关注。

宗教文化。主要有满巴拉僧庙、拉僧仲庙、卡布其庙、敖包图庙遗址等。其中满巴拉僧庙位于拉僧庙镇所在地，始建于乾隆五十五年，由第一代贝勒东日布斯仁捐赠，第一世夏仲（活佛）贡期格阿日布斋主持兴建，已有220年历史。寺庙建成后，以研究医明教义、培养医务人才为目的，学僧们进庙后，经义双修。有大雄宝殿药师供塔、护法殿、溶洞等，现已开发为旅游景点。

古生物化石。乌海拥有亚洲之最——长40多米、底径1米的石炭纪硅化树。

（12）阿拉善盟旅游资源概况。阿拉善盟拥有丰富和极具发展潜力的旅游资源。旅游资源类型多样，特色突出，差异明显，很多旅游资源在内蒙古自治区乃至全国都是独有的、唯一的，在内蒙古自治区旅游资源中占有非常重要的地位。淳朴原始、雄浑奇特的大漠风光，古老悠久、神秘的历史文化遗迹，浓郁、自然、祥和的民族风情，现代高科技的航天基地等，共同构筑起阿拉善盟的旅游主题，被誉为“中国秘境”。依据《旅游资源分类、调查与评价》（GB/T18972－2003），同时参照多年来多类型、多尺度规划成功经验，阿拉善盟精品旅游资源量479项，其中自然旅游资源单体140项，人文旅游资源339项。在全国8个主类、31个亚类、155个基本类型的旅游资源中，阿拉善盟占8个主类、29个亚类，有98个基本类型，占全国亚类和基本类型总量的93.6%和63.2%（表4-14、表4-15）。是主类资源齐全，亚类资源较多，基类资源比重近半的亚丰沛区。但阿拉善盟旅游资源的开发利用大多处于浅层次，没有特色鲜明的旅游产品，缺乏系统深度开发，其知名度和游客的认知度与资源价值不匹配，需要找准有代表性和开发潜力大的旅游资源，重点开发建设。

从旅游资源基本类型及其比例构成出发，可看出阿拉善盟旅游资源所涵盖的类型比较齐全，在8个类型中，建筑与设施类型资源比较丰富。

表4-14 阿拉善盟旅游资源类型数量占内蒙古自治区和全国比例详细表

地区类型	阿拉善盟	内蒙古自治区	全国	占内蒙古自治区比例（%）	占全国比例（%）
主类	8	8	8	100	100
亚类	29	29	34	100	85.2
基本类	98	108	155	90	63.2
旅游资源单体数	135	1164	—	11.5	—

表4-15 阿拉善盟旅游资源类型数量比例详细表

资源类型	基本类型			资源单体	
	全国	阿拉善盟	比例	单体数	比例
地文景观	37	12	32.4	44	9.2
水域风光	16	5	31.3	40	8.4
生物景观	11	8	72.7	53	11.1
天象与气候景观	8	3	37.5	3	0.6
遗址遗迹	12	11	91.7	53	11.1
建筑与设施	49	39	79.6	167	34.8
旅游商品	7	6	85.7	34	7.1
人文活动	16	14	87.5	85	17.7
合计	155	98	—	479	—

4.1.2 旅游资源分析与评价

旅游资源所处的地理区位即地理分布使各个旗（县、区）旅游区域具有不同的资源禀赋，拥有旅游景区的数量以及旅游景区至各自所在旗（县、区）政府所在地的距离，将直接决定旗（县、区）旅游区域是否具有发展优势。每个旗（县、区）拥有或接近某种旅游资源，将会有利于当地旗（县、区）旅游业发展。旗（县、区）的旅游资源禀赋区位是本地区具有的性质，它的优劣应该用各个旗（县、区）禀赋的旅游资源来衡量，特别是旅游景区的等级与旅游景区的数量。对旗（县、区）会产生很大的辐射和影响，从而导致各个旗（县、区）旅游资源区位条件也不同。为此，可以通过对各个旗（县、区）的国家级A级旅游景区数量、等级赋值和对各个旗（县、区）国家级A级景区旅游资源多度来评价各个旗（县、区）的旅游资源区位条件的差异。

4.1.2.1 内蒙古自治区县域（101个旗、县、区）国家级A级景区赋值评价

赋值说明。根据每个旗（县、区）景区的等级及其景区效应等综合因素评价得到赋值说明：

5A级景区得分为10分、4A级景区得分为8分、3A级景区得分为6分、2A级景区得分为4分、A级景区得分为2分。在表4－16中，显示每个旗县A级景区的数量、等级及赋值结果。

表4－16 内蒙古自治区县域（101个旗、县、区）旅游资源数量及等级赋值结果

旗、县、区	旅游资源单体数量及等级	个数	分值
新城区	4A（1）3A（2）	3	20
回民区	3A（5）	5	30
玉泉区	4A（1）3A（4）	5	32
赛罕区	0	0	0
土默特左旗	4A（2）3A（3）	5	34
托克托县	4A（1）	1	8
和林格尔县	4A（1）3A（1）	2	14
清水河县	3A（1）	1	4
武川县	3A（1）	1	6
东河区	4A（1）3A（1）	2	14
昆都仑区	3A（1）	1	6
青山区	3A（1）2A（1）	2	10
石拐区	4A（1）	1	8
白云区	0	0	0
九原区	4A（1）3A（2）	3	20
土默特右旗	4A（1）3A（1）	2	14

续表

旗、县、区	旅游资源单体数量及等级	个数	分值
固阳县	3A（1）	1	6
达茂旗	3A（1）2A（6）	7	30
海勃湾区	4A（1）3A（2）2A（5）	8	40
海南区	3A（1）	1	6
乌达区	0	0	0
红山区	3A（1）2A（3）	4	18
元宝山区	0	0	0
松山区	3A（1）2A（1）	2	10
阿鲁科尔沁旗	0	0	0
巴林左旗	3A（2）	2	12
巴林右旗	3A（2）3A（1）	3	16
林西县	0	0	0
克什克腾旗	4A（2）3A（1）	3	22
翁牛特旗	3A（1）2A（1）	2	10
喀喇沁旗	4A（2）3A（2）	4	28
宁城县	4A（1）2A（6）	7	32
敖汉旗	0	0	0
科尔沁区	3A（2）	2	12
科尔沁左翼中旗	4A（1）3A（1）	2	14
科尔沁左翼后旗	4A（1）2A（2）	3	16
开鲁县	3A（3）3A（1）	4	28
库伦旗	4A（1）	1	8
奈曼旗	3A（2）2A（1）	3	16
扎鲁特旗	2A（1）3A（2）	3	16
霍林郭勒市	4A（1）3A（1）2A（3）	5	26
东胜区	4A（3）3A（2）2A（2）	7	44
达拉特旗	5A（1）4A（2）3A（2）	5	34
准格尔旗	4A（2）3A（1）	3	22
鄂托克前旗	4A（2）3A（2）	4	28
鄂托克旗	4A（2）2A（2）	4	24
杭锦旗	4A（1）3A（2）2A（1）	4	24

续表

旗、县、区	旅游资源单体数量及等级	个数	分值
乌审旗	4A（2）3A（3）2A（1）	6	38
伊金霍洛旗	5A（1）3A（1）2A（3）	5	28
海拉尔区	4A（2）3A（2）2A（1）	5	32
阿荣旗	2A（2）	2	8
莫力达瓦达斡尔族自治旗	4A（1）2A（1）	2	12
鄂伦春自治旗	4A（1）2A（3）	4	20
鄂温克自治旗	4A（1）3A（1）2A（3）	5	26
陈巴尔虎旗	4A（2）3A（1）2A（3）	6	34
新巴尔虎左旗	4A（1）3A（2）	3	20
新巴尔虎右旗	A（1）2A（2）	3	10
满洲里市	4A（4）2A（2）	6	40
牙克石市	3A（2）2A（2）	4	20
扎兰屯市	4A（1）3A（1）2A（2）	4	22
额尔古纳市	4A（1）3A（1）2A（4）A（1）	7	32
根河市	3A（2）	2	12
临河区	4A（1）3A（2）2A（17）	10	48
五原县	3A（1）2A（5）	6	26
磴口县	4A（1）3A（2）2A（4）	7	36
乌拉特前旗	4A（1）3A（2）2A（2）	5	28
乌拉特中旗	2A（4）	4	16
乌拉特后旗	2A（2）	2	8
杭锦后旗	4A（1）3A（2）2A（1）	4	24
集宁区	4A（1）3A（3）	4	32
卓资县	3A（1）	1	6
化德县	0	0	0
商都县	0	0	0
兴和县	4A（2）	2	16
凉城县	4A（1）	1	8
察哈尔右翼前旗	0	0	0
察哈尔右翼中旗	4A（1）3A（3）	4	26
察哈尔右翼后旗	0	0	0
四子王旗	4A（1）2A（3）	4	20

续表

旗、县、区	旅游资源单体数量及等级	个数	分值
丰镇市	0	0	0
乌兰浩特市	3A（1）2A（3）	4	18
阿尔山市	4A（2）3A（1）	3	22
科尔沁右翼前旗	3A（2）	2	12
科尔沁右翼中旗	2A（3）	3	12
扎赉特旗	2A（2）	2	8
突泉县	2A（1）	1	4
二连浩特市	4A（1）3A（1）	2	14
锡林浩特市	4A（1）2A（1）	2	12
阿巴嘎旗	3A（1）2A（1）	2	10
苏尼特左旗	2A（1）	1	4
苏尼特右旗	0	0	0
东乌珠穆沁旗	3A（2）2A（1）	3	16
西乌珠穆沁旗	4A（1）3A（1）	2	14
太仆寺旗	4A（1）	1	8
镶黄旗	2A（2）	2	8
正镶白旗	0	0	0
正蓝旗	3A（1）2A（1）	2	10
多伦县	4A（1）2A（2）	4	20
阿拉善左旗	4A（3）2A（5）	8	54
阿拉善右旗	4A（1）2A（1）	2	12
额济纳旗	4A（1）2A（1）	2	12

4.1.2.2 内蒙古自治区县域（101个旗、县、区）旅游资源多度的计算

旅游资源空间结构是区域内旅游资源的分布状况及质量、数量组合关系，它不仅可以直接引发旅游者的空间行为，而且对旅游资源开发的速度、规模、效益以及时空安排都有重要影响①。

旅游资源的多度反映区内旅游资源空间结构的丰富性和复杂性，多度越大，区内旅游资源的丰富程度越高、异质性越强。

① 刘俊杰．县域经济发展与小城镇建设［M］．北京：社会科学文献出版社，2005.

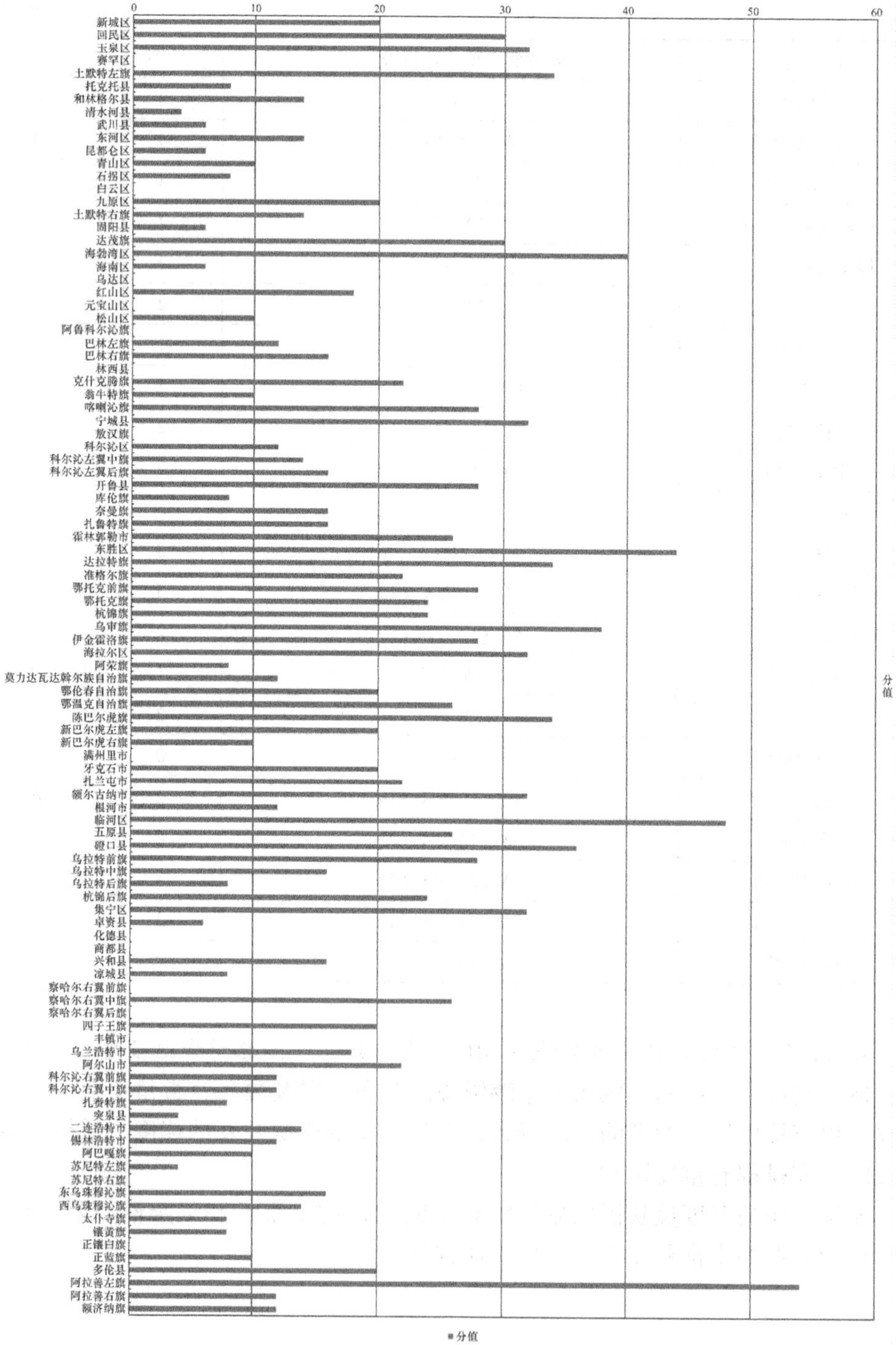

图 4－1　内蒙古县域（101 个旗、县、区）国家级 A 级景区分值

$$D=\frac{N}{SQ} \tag{4-1}$$

式中，D 为旗（县、区）旅游资源的多度（个/100 平方公里）；N 为旗（县、区）内国家级 A 级景区个体总数（个）；SQ 为旗（县、区）总面积[①]。

表 4-17 内蒙古自治区县域（101 个旗、县、区）旅游资源多度汇总表

旗、县、区	A 级景区个数	旗、县、区面积（SQ）平方公里	旅游资源多度
新城区	3	700	0.00428
回民区	5	175	0.02857
玉泉区	4	213	0.01877
赛罕区	0	1013	0.00000
土默特左旗	5	2712	0.00184
托克托县	1	1313	0.00076
和林格尔县	2	3401	0.00058
清水河县	1	2859	0.00034
武川县	1	4885	0.00020
东河区	2	85	0.02352
昆都仑区	1	301	0.00332
青山区	2	67	0.02985
石拐区	1	619	0.00161
白云区	0	303	0.00000
九原区	3	1776	0.00168
土默特右旗	2	2368	0.00084
固阳县	1	5021	0.00019
达茂旗	7	17410	0.00040
海勃湾区	8	529	0.01512
海南区	1	1005	0.00099
乌达区	0	220	0.00000
红山区	4	506	0.00790
元宝山区	0	952	0.00000
松山区	2	5618	0.00035

① 杜江，向萍．关于乡村旅游可持续发展的思考［J］．旅游学刊，1999（1）：15－18.

续表

旗、县、区	A级景区个数	旗、县、区面积（SQ）平方公里	旅游资源多度
阿鲁科尔沁旗	0	14555	0.00000
巴林左旗	2	6713	0.00029
巴林右旗	3	9837	0.00030
林西县	0	3933	0.00000
克什克腾旗	3	20673	0.00014
翁牛特旗	2	11882	0.00016
喀喇沁旗	4	3071	0.00130
宁城县	7	4305	0.00162
敖汉旗	0	8294	0.00000
科尔沁区	2	3212	0.00062
科尔沁左翼中旗	2	9811	0.00020
科尔沁左翼后旗	3	11476	0.00026
开鲁县	4	4488	0.00089
库伦旗	1	4650	0.00021
奈曼旗	3	8120	0.00036
扎鲁特旗	3	17193	0.00010
霍林郭勒市	5	585	0.00854
东胜区	7	2512	0.00278
达拉特旗	5	8192	0.00061
准格尔旗	3	7539	0.00039
鄂托克前旗	4	12318	0.00032
鄂托克旗	4	21000	0.00019
杭锦旗	4	18900	0.00020
乌审旗	6	11645	0.00051
伊金霍洛旗	5	5958	0.00083
海拉尔区	5	1440	0.00347
阿荣旗	2	12063	0.00016
莫力达瓦达斡尔族自治区	2	10500	0.00019
鄂伦春自治旗	4	59800	0.00006
鄂温克自治旗	5	19111	0.00026

续表

旗、县、区	A级景区个数	旗、县、区面积（SQ）平方公里	旅游资源多度
陈巴尔虎旗	6	21192	0.00028
新巴尔虎左旗	3	22000	0.00013
新巴尔虎右旗	3	25102	0.00011
满洲里市	6	696	0.00862
牙克石市	4	27590	0.00011
扎兰屯市	4	16800	0.00023
额尔古纳市	7	28000	0.00025
根河市	2	19859	0.00010
临河区	10	2354	0.00424
五原县	5	2493	0.00200
磴口县	7	4167	0.00167
乌拉特前旗	5	7476	0.00066
乌拉特中旗	4	22606	0.00017
乌拉特后旗	2	24925	0.00008
杭锦后旗	4	1767	0.00226
集宁区	4	114	0.03508
卓资县	1	2703	0.00036
化德县	0	2527	0
商都县	0	4304	0
兴和县	2	3520	0.00056
凉城县	1	3451	0.00028
察哈尔右翼前旗	0	2734	0
察哈尔右翼中旗	4	4200	0.00095
察哈尔右翼后旗	0	3803	0
四子王旗	4	24016	0.00016
丰镇市	0	2703	0
乌兰浩特市	4	772	0.00518
阿尔山市	3	7409	0.00040
科尔沁右翼前旗	2	19375	0.00010
科尔沁右翼中旗	3	15613	0.00019

续表

旗、县、区	A级景区个数	旗、县、区面积（SQ）平方公里	旅游资源多度
扎赉特旗	2	11837	0.00016
突泉县	1	4800	0.00020
二连浩特市	2	450	0.00444
锡林浩特市	2	15758	0.00012
阿巴嘎旗	2	27495	0.00007
苏尼特左旗	1	33469	0.00002
苏尼特右旗	0	26700	0
东乌珠穆沁旗	3	47554	0.00006
西乌珠穆沁旗	2	22960	0.00008
太仆寺旗	1	3415	0.00029
镶黄旗	2	4960	0.00040
正镶白旗	0	6083	0.00029
正蓝旗	2	9963	0.00020
多伦县	4	3773	0.00106
阿拉善左旗	8	80412	0.00009
阿拉善右旗	2	72556	0.00002
额济纳旗	2	114606	0.00001

从表4－16与表4－17可以看出，内蒙古县域（101个旗、县、区）旅游资源分布不均，从A级景区得分来看，内蒙古县域旅游资源优势明显的地区有呼和浩特市的玉泉区、土默特左旗、达茂旗；乌海市的海勃湾区；赤峰市的宁城县；鄂尔多斯市的东胜区、达拉特旗、乌审旗；呼伦贝尔市的海拉尔区、陈巴尔虎旗、额尔古纳市；巴彦淖尔市的临河区、磴口县、杭锦后旗；阿拉善盟的阿拉善左旗，它们的得分均在30分以上。从旅游资源多度来看，内蒙古自治区县域旅游资源多度优势明显的地区有呼和浩特市的回民区、玉泉区；包头市的东河区、青山区；乌海市的海勃湾区；赤峰市的红山区；锡林郭勒盟的锡林浩特市；乌兰察布市的集宁区；兴安盟的乌兰浩特市。它们的旅游多度均在0.005个/平方公里以上，从旅游多度来看，内蒙古自治区县域旅游资源多度差距非常明显，究其原因是内蒙古自治区旗县区面积差距较大造成的。

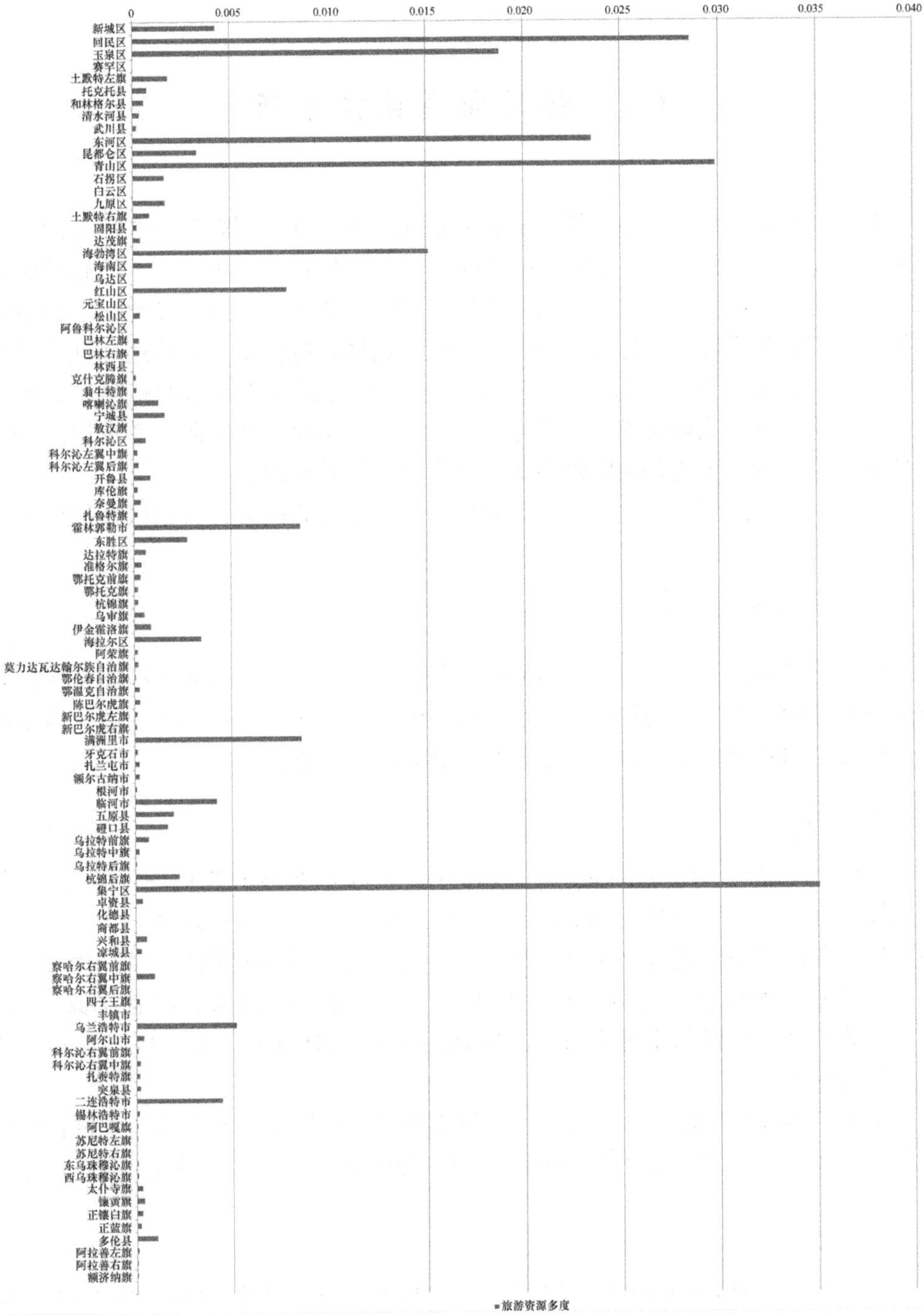

图 4－2　内蒙古县域（101 个旗、县、区）A 级景区旅游资源

4.2 旅游交通区位分析

旅游交通区位是指旅游区域在交通大格局中的位置、到附近中心城市的距离及可达程度①。具体而言，内蒙古自治区县域（101 个旗、县、区）的旅游区位取决于该地区的道路多样性和道路通达性，道路多样性是指通过该地区道路数量和等级。道路多样性指数越高，说明该地区交通区位越优越。道路通达性是指各旗（县、区）至北京市、银川市、哈尔滨市三个主要客源市场的距离和，由于距离和不同形成的旅游交通区位条件也随之不同。距离三个客源中心城市越近的条件越优越，旗县区道路线路越多的旅游交通区位越优越。

本书利用道路交通通达性和道路多样性指数来计算内蒙古自治区县域旅游交通区位。

4.2.1 道路通达性

模型的选取。运网系统即运输网络，是指交通图中点和点的连线集合体，是国家和地区相互交叉衔接各类交通运输线路的总和。运网中每一点的通达性是指网格中该点到其他点最短路径长度总和，其表达式如下：

$$A_i = \sum_{j=1}^{n} D_{ij} \tag{4-2}$$

式中，A_i 表示内蒙古自治区某一旗（县、区）交通的通达性，其值越小，通达性越好；j 表示主要的客源市场。其值范围（1、2、3）；D_{ij} 表示 i 点到 j 点最短径道所经过的交通道路长度。很显然，运网的连接程度越低，通达性越差，通达性越差，连接程度越高，通达性越好②。为此，可以通过给各个旗（县、区）的道路通达性赋值来说明内蒙古自治区县域（101 个旗、县、区）旅游交通区位条件的差异。

本书分别以北京市、哈尔滨市、银川市为中心的城市。测算出内蒙古自治区每个旗（县、区）至三个市中心的距离和，为该旗（县、区）的道路通达性。

---

① 丁雪．鄂尔多斯地区旅游资源评价与 GIS 辅助分析研究［D］．内蒙古师范大学硕士学位论文，2006（12）．

② 郭来喜，吴必虎，刘锋等．中国旅游资源分类系统与类型评价［J］．地理学报，2000，55（3）：294－301.

表 4－18 内蒙古自治区县域（101 个旗、县、区）道路通达性调查表

地名	至银川（km）	至北京（km）	至哈尔滨（km）	通达性 A（km）
新城区	540	409	1321	2270
回民区	540	409	1321	2270
玉泉区	540	409	1321	2270
赛罕区	540	409	1321	2270
土默特左旗	486	455	1364	2305
托克托县	473	445	1389	2307
和林格尔县	527	393	1333	2253
清水河县	495	408	1381	2284
武川县	535	438	1326	2299
东河区	402	549	1452	2403
昆都仑区	402	549	1452	2403
青山区	402	549	1452	2403
石拐区	423	528	1439	2390
白云区	468	579	1396	2443
九原区	402	549	1452	2403
土默特右旗	441	505	1418	2364
固阳县	434	552	1431	2417
达茂旗	507	542	1369	2418
海勃湾区	144	821	1744	2709
海南区	144	821	1744	2709
乌达区	144	821	1744	2709
红山区	1154	343	728	2225
元宝山区	1154	343	728	2225
松山区	1154	343	728	2225
阿鲁科尔沁旗	1299	538	554	2391
巴林左旗	1247	514	600	2361
巴林右旗	1189	448	671	2308
林西县	1148	437	714	2299
克什克腾旗	1089	391	764	2244
翁牛特旗	1194	405	675	2274
喀喇沁旗	1127	302	762	2191
宁城县	1173	316	742	2231

续表

地名	至银川（km）	至北京（km）	至哈尔滨（km）	通达性 A（km）
敖汉旗	1200	402	658	2260
科尔沁区	1466	631	426	2523
科尔沁左翼中旗	1560	740	312	2612
科尔沁左翼后旗	1466	601	461	2528
开鲁县	1384	581	481	2446
库伦旗	1396	551	507	2454
奈曼旗	1310	489	571	2370
扎鲁特旗	1399	624	464	2487
霍林郭勒市	1353	686	531	2570
东胜区	354	547	1503	2404
达拉特旗	393	543	1458	2394
准格尔旗	461	440	1409	2310
鄂托克前旗	159	803	1722	2684
鄂托克旗	165	732	1692	2589
杭锦旗	264	657	1596	2517
乌审旗	221	670	1660	2551
伊金霍洛旗	330	571	1533	2434
海拉尔区	1608	1070	635	3313
阿荣旗	1760	1079	351	3190
莫力达瓦达斡尔族自治旗	1841	1154	339	3334
鄂伦春自治旗	1926	1316	575	3817
鄂温克自治旗	1591	1091	670	3352
陈巴尔虎旗	1592	1070	664	3326
新巴尔虎左旗	1445	932	677	3054
新巴尔虎右旗	1403	970	811	3184
满洲里市	1526	1099	811	3436
牙克石市	1662	1094	589	3345
扎兰屯市	1688	1039	382	3109
额尔古纳市	1699	1197	684	3580
根河市	1818	1275	670	3763
临河区	259	772	1646	2677
五原县	331	713	1559	2603
磴口县	217	793	1965	2975
乌拉特前旗	322	660	1559	2541

续表

地名	至银川（km）	至北京（km）	至哈尔滨（km）	通达性 A（km）
乌拉特中旗	393	684	1519	2596
乌拉特后旗	295	800	1657	2752
杭锦后旗	278	789	1654	2721
集宁区	664	304	1192	2160
卓资县	601	328	1256	2185
化德县	761	289	1080	2130
商都县	694	294	1153	2141
兴和县	702	240	1160	2102
凉城县	581	330	1284	2195
察哈尔右翼前旗	651	290	1202	2143
察哈尔右翼中旗	631	357	1224	2212
察哈尔右翼后旗	675	317	1170	2162
四子王旗	577	439	1288	2304
丰镇市	630	289	1239	2158
乌兰浩特市	1543	856	393	2792
阿尔山市	1473	850	515	2838
科尔沁右翼前旗	1538	821	349	2708
科尔沁右翼中旗	1456	709	417	2582
扎赉特旗	1621	923	298	2842
突泉县	1472	732	382	2586
二连浩特市	728	538	1174	2440
锡林浩特市	1024	443	853	2320
阿巴嘎旗	946	470	935	2351
苏尼特左旗	855	492	1039	2386
苏尼特右旗	708	447	1167	2322
东乌珠穆沁旗	1160	634	736	2530
西乌珠穆沁旗	1164	537	704	2405
太仆寺旗	879	567	608	2054
镶黄旗	768	335	1089	2192
正镶白旗	854	287	1002	2143
正蓝旗	926	255	934	2115
多伦县	952	259	899	2110
阿拉善左旗	64	928	1867	2859
阿拉善右旗	402	1272	1842	3516
额济纳旗	588	1303	2074	3965

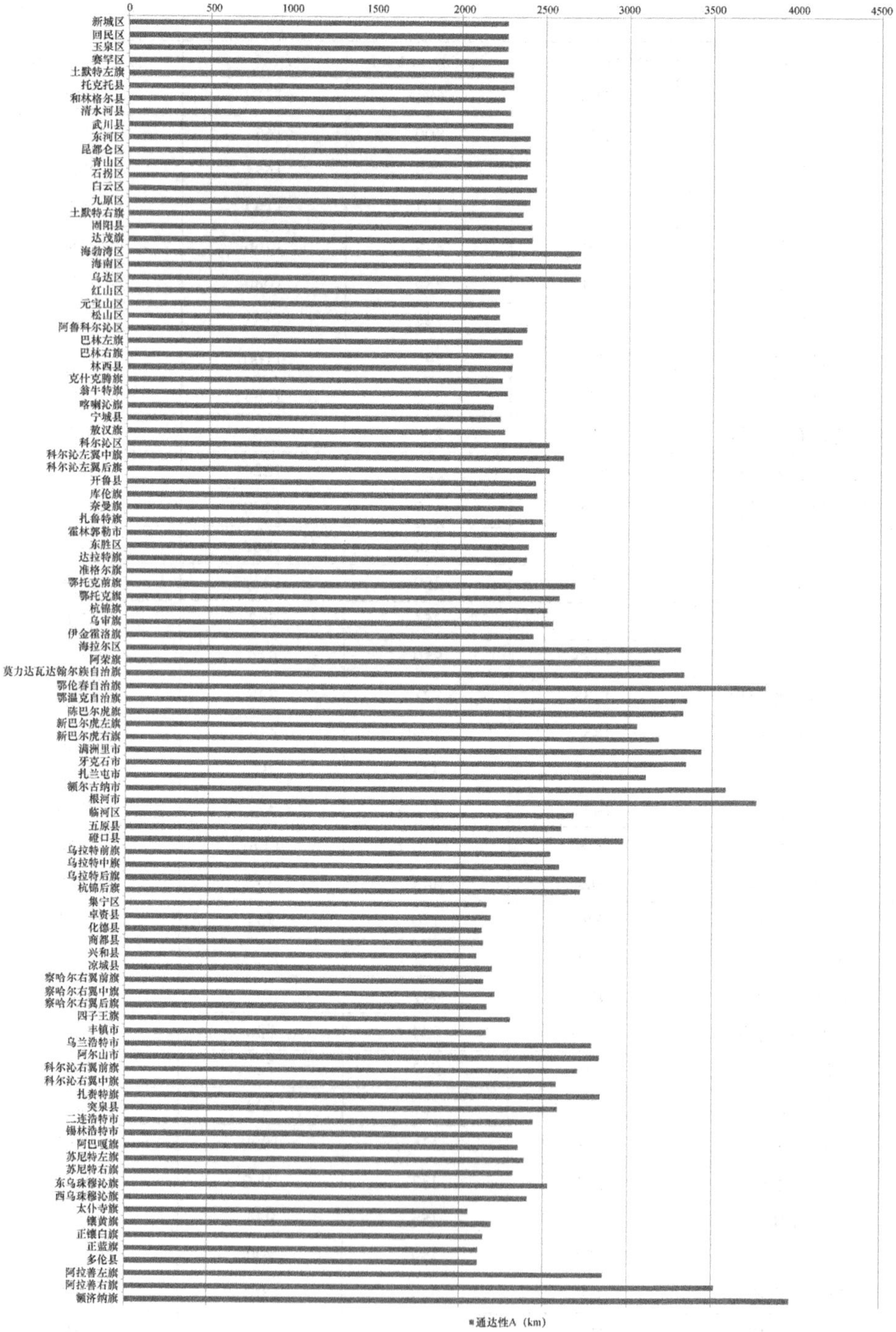

图4－3　内蒙古县域（101个旗、县、区）道路通达度示意图

4.2.2 道路多样性指数

通过对内蒙古县域（101 个旗、县、区）赋值的办法来评价各个旗（县、区）道路多样性的差异。即飞机 6 分、铁路 5 分、高速公路 4 分、国道 3 分、省道 2 分，每经过一条线路加上其等级分，最后得出每个地区多样性指数。

表 4-19 内蒙古自治区县域（101 个旗、县、区）道路多样性调查表

地名	铁路	高速公路	国道	省道	飞机	多样性指数
新城区	1	1	1	2	0	16
回民区	1	2	2	1	0	21
玉泉区	0	2	1	2	0	15
赛罕区	1	2	1	1	1	24
土默特左旗	1	1	1	0	0	12
托克托县	0	1	0	1	0	6
和林格尔县	0	0	1	2	0	7
清水河县	0	0	2	0	0	6
武川县	0	0	0	4	0	8
东河区	2	1	0	0	1	20
昆都仑区	2	0	0	0	0	10
青山区	1	0	1	0	0	8
石拐区	1	0	0	0	0	5
白云区	1	0	0	0	0	5
九原区	2	1	2	1	0	22
土默特右旗	1	1	1	0	0	12
固阳县	0	0	0	2	0	4
达茂旗	0	0	0	2	0	4
海勃湾区	1	1	1	1	0	14
海南区	1	1	1	1	0	14
乌达区	1	0	1	0	0	8
红山区	1	1	1	1	0	14
元宝山区	3	1	1	1	0	24
松山区	2	2	1	0	0	21
阿鲁科尔沁旗	1	0	1	1	0	10
巴林左旗	1	0	2	1	0	13
巴林右旗	3	0	1	1	0	20
林西县	1	0	2	1	0	13

续表

地名	铁路	高速公路	国道	省道	飞机	多样性指数
克什克腾旗	1	0	1	1	0	10
翁牛特旗	1	1	2	1	0	17
喀喇沁旗	0	1	0	1	1	12
宁城县	0	0	1	1	0	5
敖汉旗	1	1	2	0	0	15
科尔沁区	3	2	3	1	1	40
科尔沁左翼中旗	1	0	0	2	0	9
科尔沁左翼后旗	1	1	1	1	0	14
开鲁县	1	0	1	0	0	8
库伦旗	1	0	0	1	0	7
奈曼旗	1	1	1	0	0	12
扎鲁特旗	0	0	1	1	0	5
霍林郭勒市	2	0	1	1	0	15
东胜区	1	1	2	1	0	17
达拉特旗	1	1	1	0	0	12
准格尔旗	1	1	1	1	0	14
鄂托克前旗	0	0	0	2	0	4
鄂托克旗	0	0	1	2	0	7
杭锦旗	0	0	1	1	0	5
乌审旗	0	0	0	1	0	2
伊金霍洛旗	0	0	2	0	1	12
海拉尔区	2	1	1	1	1	25
阿荣旗	0	1	1	2	0	11
莫力达瓦达斡尔族自治旗	0	0	1	0	0	3
鄂伦春自治旗	1	0	1	3	1	20
鄂温克自治旗	1	0	0	2	0	9
陈巴尔虎旗	1	1	1	1	0	14
新巴尔虎左旗	1	0	1	2	0	12
新巴尔虎右旗	0	0	0	1	0	2
满洲里市	1	0	1	1	1	16
牙克石市	2	1	1	1	0	19
扎兰屯市	1	0	1	1	0	10
额尔古纳市	0	0	0	2	0	4
根河市	3	0	0	1	0	17
临河区	2	1	1	1	0	19
五原县	1	1	1	1	0	14

续表

地名	铁路	高速公路	国道	省道	飞机	多样性指数
磴口县	1	1	1	1	0	14
乌拉特前旗	1	1	1	1	0	14
乌拉特中旗	1	0	0	2	0	9
乌拉特后旗	1	0	0	1	0	7
杭锦后旗	1	0	0	2	0	9
集宁区	2	2	1	1	0	23
卓资县	1	2	1	1	0	18
化德县	1	1	0	2	0	13
商都县	1	0	0	1	0	7
兴和县	1	2	1	1	0	18
凉城县	1	1	0	2	0	13
察哈尔右翼前旗	4	2	2	1	0	36
察哈尔右翼中旗	0	0	0	3	0	6
察哈尔右翼后旗	1	1	0	2	0	13
四子王旗	0	0	0	2	0	4
丰镇市	2	1	1	1	0	19
乌兰浩特市	1	1	2	0	1	21
阿尔山市	1	0	0	2	1	15
科尔沁右翼前旗	1	1	1	1	0	14
科尔沁右翼中旗	1	0	1	1	0	10
扎赉特旗	0	0	1	0	0	3
突泉县	0	0	1	0	0	3
二连浩特市	1	0	1	1	1	16
锡林浩特市	1	1	2	3	1	27
阿巴嘎旗	0	0	0	1	0	2
苏尼特左旗	1	0	0	2	0	9
苏尼特右旗	1	1	1	1	0	14
东乌珠穆沁旗	0	0	0	2	0	4
西乌珠穆沁旗	1	0	0	2	0	9
太仆寺旗	0	1	1	0	0	7
镶黄旗	0	0	0	1	0	2
正镶白旗	1	0	0	2	0	9
正蓝旗	2	1	1	2	0	21
多伦县	1	0	2	1	0	13
阿拉善左旗	1	1	1	2	0	16
阿拉善右旗	0	0	0	1	1	8
额济纳旗	0	0	0	1	1	8

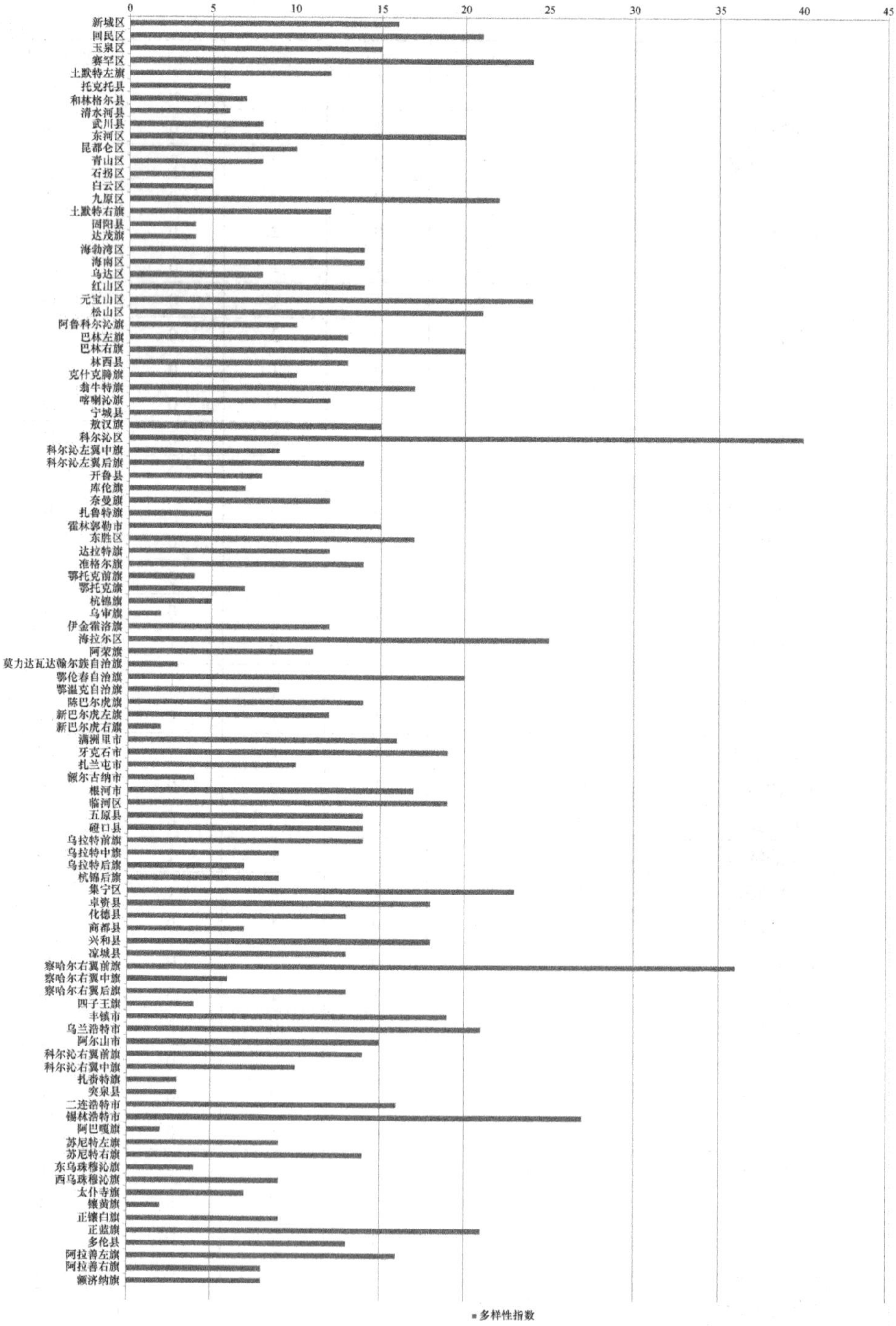

图 4-4　内蒙古县域（101 个旗、县、区）道路多样性示意图

从图4－3与图4－4可以看出，内蒙古自治区县域（101个旗、县、区）旅游交通区位条件差距较大。从道路通达性来看，内蒙古自治区县域（101个旗、县、区）通达性较差的旗县区有乌海市的海勃湾区、乌达区、海南区；通辽市的科右中旗、科右后旗、科尔沁区，霍林河市；鄂尔多斯市的鄂托克前旗、鄂托克旗、杭锦旗、乌审旗；呼伦贝尔市的莫力达瓦旗、扎兰屯市、额尔古纳市等旗、县区；巴彦淖尔市的临河、五原、磴口等旗县区；兴安盟的乌兰浩特、阿尔山、扎赉特旗等旗县区；阿拉善盟的阿拉善左旗、阿拉善右旗、额济纳旗。以上旗县区至银川市、北京市、哈尔滨市的总距离在2500公里以上。从道路多样性指数来看，内蒙古自治区县域（101个旗、县、区）道路多样性指数较高的旗县区有呼和浩特市的回民区、赛罕区；包头市的东河区、九原区；赤峰市的红山区、元宝山区、敖汉旗；呼伦贝尔市的海拉尔区、鄂伦春自治旗；乌兰察布市的集宁区、察哈尔右翼前旗；兴安盟的乌兰浩特市；锡林郭勒盟的锡林浩特市、正蓝旗。

4.3　旅游经济区位分析

社会经济区位既与旅游地的社会经济发展水平状况有关，又与客源地的社会经济发展水平状况有关。社会经济发展水平主要在投资能力和消费能力两方面影响区域旅游业的发展，是旅游业发展的重要外部条件。此外，影响区域旅游业空间布局的社会经济区位还与地方经济的发展程度对旅游业发展资金的投入能力等有关。本书通过分析内蒙古自治区县域（101个旗、县、区）旅游经济联系强度和产业比值来说明各旗（县、区）旅游经济区位的优劣。

4.3.1　旗（县、区）旅游经济联系强度

内蒙古自治区各旗（县、区）区域内之间的经济联系，选取旗（县、区）景区游客数和景区收入来综合表示旗（县、区）的质量，用各旗（县、区）的道路通达性表示空间距离，计算每个旗（县、区）经济联系强度。利用旅游经济联系强度表示旅游经济区位条件的优劣①。

旅游经济联系强度的模型公式如下：

$$R_{ij} = \frac{[\sqrt{P_i G_i} \times \sqrt{P_i G_i}]}{D_{ij}^2} \qquad (4-3)$$

① 郑国，赵群毅．山东半岛城市群主要经济联系方向研究［J］．地域研究与开发，2004（5）：51－54.

式中，R_{ij}为研究内蒙古自治区某个旗（县、区）i 和内蒙古自治区 j 城间的经济联系强度；P_i 为内蒙古自治区某个旗（县、区）景区游客人数；P_j 为内蒙古自治区人口游客人数；G_i 为内蒙古自治区某个旗（县、区）景区收入；G_j 为内蒙古自治区旅游收入；D_{ij}为内蒙古自治区某个旗（县、区）i 县域（101 个旗县区）道路通达性距离①。

表 4－20　内蒙古旗县域（101 个旗、县、区）旅游经济联系强度汇总表

地区	P_i（万元）	P_j（万人）	G_i（万元）	G_j（万人）	D_{ij}（km）	R_{ij}
新城区	263	22	18050000	7581	2270	5.5
回民区	1496	98	18050000	7581	2270	27.5
玉泉区	2650	180	18050000	7581	2270	49.6
赛罕区	68	3	18050000	7581	2270	1.0
土默特左旗	350	98	18050000	7581	2305	12.9
托克托县	212	67	18050000	7581	2307	8.3
和林格尔县	58	10	18050000	7581	2253	1.8
清水河县	32	45	18050000	7581	2284	2.7
武川县	89	12	18050000	7581	2299	2.3
东河区	773	91	18050000	7581	2403	17.0
昆都仑区	613	16	18050000	7581	2403	6.3
青山区	129	30	18050000	7581	2403	4.0
石拐区	282	4	18050000	7581	2390	2.2
白云区	23	2	18050000	7581	2443	0.4
九原区	791	53	18050000	7581	2403	13.1
土默特右旗	101	64	18050000	7581	2364	5.3
固阳县	22	1	18050000	7581	2417	0.3
达茂旗	413	76	18050000	7581	2418	11.2
海勃湾区	1184	85	18050000	7581	2709	16.0
海南区	10	16	18050000	7581	2709	0.6
乌达区	10	32	18050000	7581	2709	0.9
红山区	10	100	18050000	7581	2225	2.4
元宝山区	11	30	18050000	7581	2225	1.4
松山区	234	17	18050000	7581	2225	4.7
阿鲁科尔沁旗	10	12	18050000	7581	2391	0.7
巴林左旗	428	50	18050000	7581	2361	9.7

① 苗长虹，王海江．河南省城市的经济联系方向与强度——兼论中原城市群的形成与对外联系［J］．地理研究，2006（2）：222－232.

续表

地区	P_i（万元）	P_j（万人）	G_i（万元）	G_j（万人）	D_{ij}（km）	R_{ij}
巴林右旗	168	5	18050000	7581	2308	2.0
林西县	0	0	18050000	7581	2299	0.7
克什克腾旗	4396	45	18050000	7581	2244	32.7
翁牛特旗	1630	24	18050000	7581	2274	14.1
喀喇沁旗	273	7	18050000	7581	2191	3.4
宁城县	1907	39	18050000	7581	2231	20.3
敖汉旗	10	21	18050000	7581	2260	1.0
科尔沁区	94	67	18050000	7581	2523	4.6
科尔沁左翼中旗	504	11	18050000	7581	2612	4.0
科尔沁左翼后旗	12350	33	18050000	7581	2528	37.0
开鲁县	550	42	18050000	7581	2446	9.4
库伦旗	11	32	18050000	7581	2454	1.2
奈曼旗	346	72	18050000	7581	2370	10.4
扎鲁特旗	1471	40	18050000	7581	2487	14.5
霍林郭勒市	1610	21	18050000	7581	2570	10.3
东胜区	4931	83	18050000	7581	2404	40.9
达拉特旗	34562	77	18050000	7581	2394	105.3
准格尔旗	2356	67	18050000	7581	2310	27.5
鄂托克前旗	5320	32	18050000	7581	2684	21.2
鄂托克旗	4906	13	18050000	7581	2589	13.9
杭锦旗	1245	43	18050000	7581	2517	13.5
乌审旗	6491	31	18050000	7581	2551	25.5
伊金霍洛旗	32456	65	18050000	7581	2324	90.7
海拉尔区	650	26	18050000	7581	2434	8.1
阿荣旗	11	8	18050000	7581	3313	0.3
莫力达瓦达斡尔族自治旗	32	14	18050000	7581	3190	0.8
鄂伦春自治旗	427	8	18050000	7581	3334	1.9
鄂温克自治旗	822	13	18050000	7581	3817	2.6
陈巴尔虎旗	1875	28	18050000	7581	3352	7.5
新巴尔虎左旗	626	25	18050000	7581	3326	4.2
新巴尔虎右旗	739	26	18050000	7581	3054	5.5
满洲里市	897	34	18050000	7581	3184	6.4
牙克石市	684	15	18050000	7581	3436	3.2
扎兰屯市	307	141	18050000	7581	3345	6.9
额尔古纳市	9304	64	18050000	7581	3109	29.5
根河市	84	3	18050000	7581	3580	0.5
临河区	630	81	18050000	7581	3763	5.9

续表

地区	P_i（万元）	P_j（万人）	G_i（万元）	G_j（万人）	D_{ij}（km）	R_{ij}
五原县	6076	40	18050000	7581	2677	25.4
磴口县	3232	23	18050000	7581	2603	14.9
乌拉特前旗	1741	26	18050000	7581	2975	8.9
乌拉特中旗	600	23	18050000	7581	2541	6.7
乌拉特后旗	0	6	18050000	7581	2596	0.6
杭锦后旗	900	15	18050000	7581	2752	5.7
集宁区	102	42	18050000	7581	2721	3.3
卓资县	32	28	18050000	7581	2160	2.4
化德县	12	3	18050000	7581	2185	0.5
商都县	10	2	18050000	7581	2130	0.4
兴和县	21	8	18050000	7581	2141	1.0
凉城县	105	36	18050000	7581	2102	5.1
察哈尔右翼前旗	45	22	18050000	7581	2195	2.4
察哈尔右翼中旗	23	13	18050000	7581	2143	1.4
察哈尔右翼后旗	21	11	18050000	7581	2212	1.1
四子王旗	145	34	18050000	7581	2162	5.6
丰镇市	32	17	18050000	7581	2304	1.6
乌兰浩特市	82	114	18050000	7581	2792	4.6
阿尔山市	12116	85	18050000	7581	2838	46.6
科尔沁右翼前旗	140	3	18050000	7581	2708	1.0
科尔沁右翼中旗	113	25	18050000	7581	2582	2.9
扎赉特旗	20	60	18050000	7581	2842	1.6
突泉县	54	1	18050000	7581	2586	0.4
二连浩特市	472	11	18050000	7581	2440	4.5
锡林浩特市	21	8	18050000	7581	2320	0.9
阿巴嘎旗	240	4	18050000	7581	2351	2.1
苏尼特左旗	250	1	18050000	7581	2386	1.0
苏尼特右旗	12	5	18050000	7581	2322	0.5
东乌珠穆沁旗	2189	35	18050000	7581	2530	16.0
西乌珠穆沁旗	1650	21	18050000	7581	2405	11.9
太仆寺旗	3970	13	18050000	7581	2054	19.9
镶黄旗	8	3	18050000	7581	2192	0.4
正镶白旗	11	22	18050000	7581	2143	1.3
正蓝旗	152	4	18050000	7581	2115	2.0
多伦县	271	45	18050000	7581	2110	9.2
阿拉善左旗	54671	121	18050000	7581	2859	116.4
阿拉善右旗	12697	67	18050000	7581	3516	27.6
额济纳旗	35894	86	18050000	7581	3965	41.3

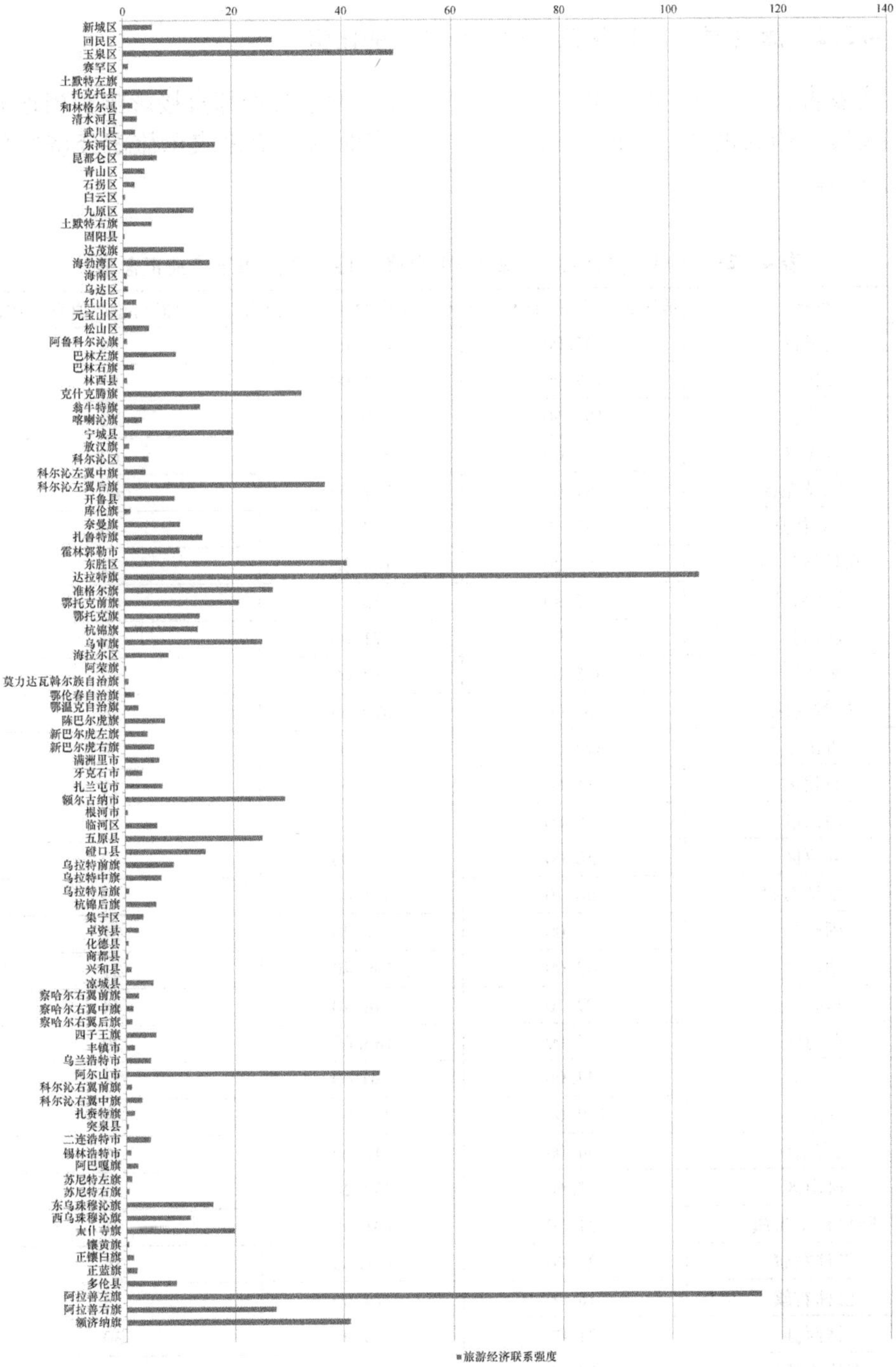

图 4－5　内蒙古自治区县域（101 个旗、县、区）经济联系强度示意图

4.3.2 旗（县、区）第三产业占总产业的比值

内蒙古县域（101 旗、县、区）第三产业的发达与否都直接影响着当地旅游业的发展，选取旗（县、区）第三产业占总产业的比值来表示旅游经济区位条件的优劣。

表 4－21 内蒙古自治区县域（101 个旗、县、区）第三产业汇总表

地区	地区第三产业值(亿元)	地区生产总值(亿元)	第三产业值与总产值百分比(%)
新城区	542.00	609.00	89
回民区	187.00	341.00	55
玉泉区	192.50	270.00	71
赛罕区	367.00	594.00	62
土默特左旗	87.00	217.00	40
托克托县	42.40	273.30	16
和林格尔县	52.20	140.70	37
清水河县	27.90	65.10	43
武川县	23.00	71.00	32
东河区	315.00	512.00	62
昆都仑区	604.00	1070.00	56
青山区	322.00	840.00	38
石拐区	11.60	100.00	11
白云区	6.80	36.50	19
九原区	58.00	343.00	17
土默特右旗	56.70	334.00	17
固阳县	23.00	112.20	21
达茂旗	43.00	209.40	21
海勃湾区	109.10	246.40	44
海南区	37.00	183.60	20
乌达区	44.00	180.00	24
红山区	119.00	288.00	41
元宝山区	94.00	242.00	39
松山区	73.60	237.20	31
阿鲁科尔沁旗	21.00	101.00	21
巴林左旗	23.00	118.80	19
巴林右旗	18.60	74.00	25
林西县	21.00	70.90	30
克什克腾旗	29.80	139.90	21
翁牛特旗	37.40	138.80	27

续表

地区	地区第三产业值（亿元）	地区生产总值（亿元）	第三产业值与总产值百分比（%）
喀喇沁旗	25.50	67.20	38
宁城县	45.00	159.00	28
敖汉旗	46.10	156.50	29
科尔沁区	22.70	581.30	38
科尔沁左翼中旗	50.20	163.40	31
科尔沁左翼后旗	45.60	166.10	27
开鲁县	45.20	208.30	22
库伦旗	12.40	64.30	19
奈曼旗	30.40	146.00	21
扎鲁特旗	47.60	206.10	23
霍林郭勒市	84.64	368.00	23
东胜区	531.20	856.70	62
达拉特旗	160.40	495.00	32
准格尔旗	403.90	1106.70	36
鄂托克旗	84.50	430.10	20
鄂托克前旗	68.80	127.30	54
杭锦旗	34.87	84.20	41
乌审旗	77.80	403.50	19
伊金霍洛旗	260.00	676.00	38
海拉尔区	76.00	286.30	27
阿荣旗	26.70	157.20	17
莫力达瓦达斡尔族自治旗	29.40	103.60	28
鄂伦春自治县	31.40	64.24	49
鄂温克自治旗	25.20	109.00	23
陈巴尔虎旗	24.10	89.00	27
新巴尔虎左旗	10.10	35.00	29
新巴尔虎右旗	11.49	77.10	15
满洲里市	65.30	210.60	31
牙克石市	74.40	227.00	33
扎兰屯市	34.70	178.00	19
额尔古纳市	15.95	44.30	36
根河市	18.12	40.00	45
临河区	92.75	265.00	35
五原县	24.50	113.50	22
磴口县	13.60	62.00	22
乌拉特前旗	28.50	142.00	20

续表

地区	地区第三产业值(亿元)	地区生产总值(亿元)	第三产业值与总产值百分比(%)
乌拉特中旗	21.20	98.06	21
乌拉特后旗	19.70	66.00	30
杭锦后旗	26.70	139.00	19
集宁区	35.30	166.00	21
卓资县	15.30	62.10	25
化德县	9.00	46.80	19
商都县	17.60	60.20	29
兴和县	22.10	55.50	40
凉城县	18.20	80.40	23
察哈尔右翼前旗	21.00	98.00	21
察哈尔右翼中旗	11.80	48.20	24
察哈尔右翼后旗	22.00	76.80	29
四子王旗	15.00	54.00	27
丰镇市	40.50	144.60	28
乌兰浩特市	45.10	147.60	31
阿尔山市	7.80	15.20	51
科尔沁右翼前旗	25.20	130.50	19
科尔沁右翼中旗	19.11	57.50	33
扎赉特旗	25.26	84.00	30
突泉县	23.10	96.30	24
二连浩特市	54.90	88.40	62
锡林浩特市	71.90	218.00	33
阿巴嘎旗	12.00	61.00	19
苏尼特左旗	8.60	43.80	20
苏尼特右旗	13.00	54.30	24
东乌珠穆沁旗	18.60	102.30	18
西乌珠穆沁旗	32.00	114.50	28
太仆寺旗	14.70	45.40	32
镶黄旗	8.10	48.30	17
正镶白旗	8.80	27.90	32
正蓝旗	13.20	67.10	20
多伦县	18.40	74.50	25
阿拉善左旗	39.60	164.90	24
阿拉善右旗	37.20	7.80	21
额济纳旗	11.60	49.20	24

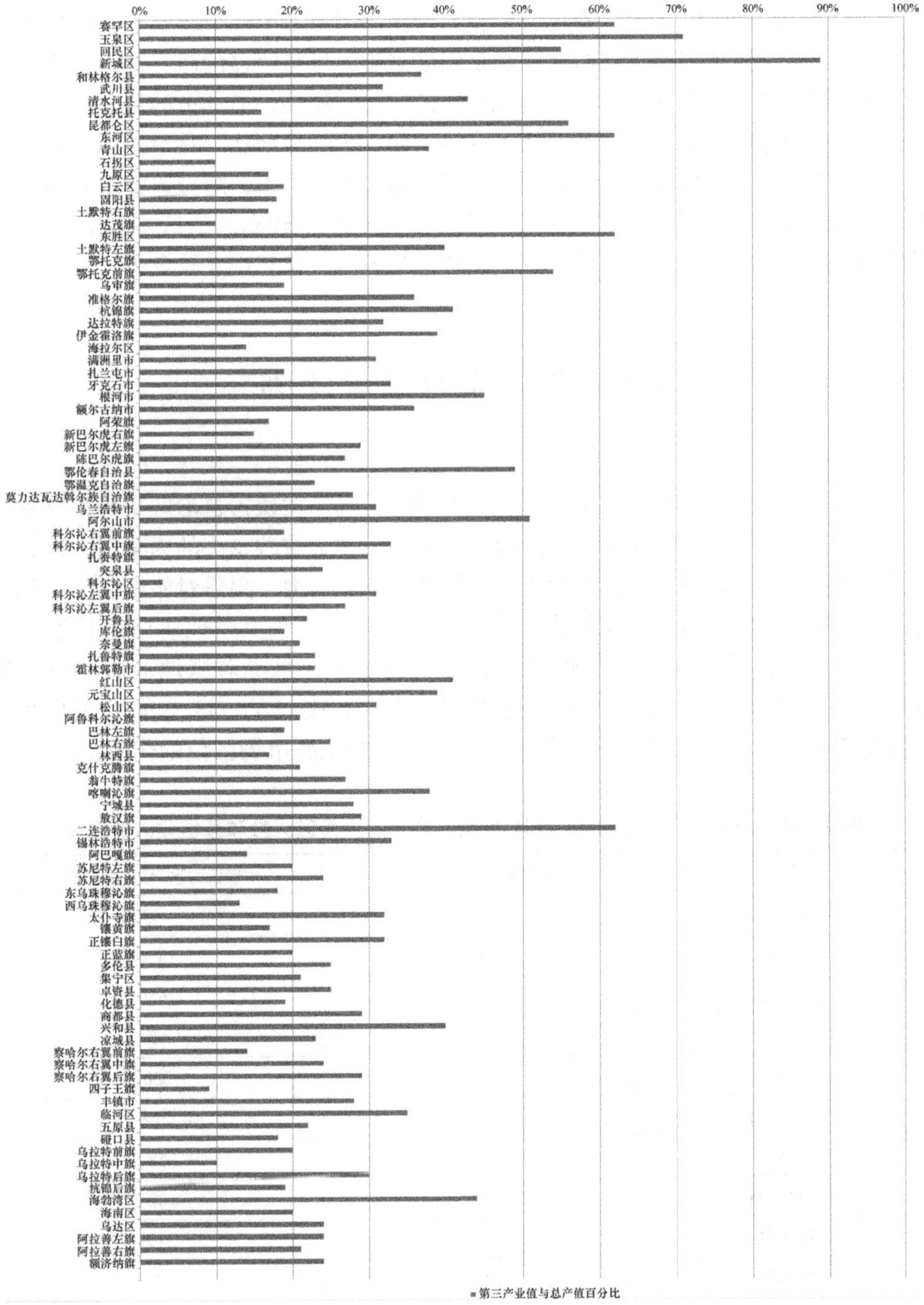

图4－6　内蒙古自治区县域（101个旗、县、区）第三产业值占总产业值比例示意图

从图 4 -5 与图 4 -6 可以看出，内蒙古自治区县域（101 个旗、县、区）旅游经济区位条件差距明显。从旅游经济联系强度来看，优势明显的旗、县、区有呼和浩特市的回民区、玉泉区；赤峰市的克什克腾旗、宁城县；通辽市的科尔沁左翼后旗；鄂尔多斯市的东胜区、达拉特旗、准格尔旗、鄂托克前旗、乌审旗；呼伦贝尔市的额尔古纳市；巴彦淖尔市的五原县；兴安盟的阿尔山市；阿拉善盟的阿拉善左旗、额济纳旗。从第三产业比重来看，服务业发展水平较高的地区主要集中在 12 盟市的市区，主要原因是盟市的市区城镇化水平较高，第三产业较发达。

4.4 旅游市场区位分析

内蒙古自治区旅游市场发展迅速，旅游业将以高于内蒙古自治区平均发展水平速度增长，旅游市场是直接创造旅游收入的平台。作为旅游龙头的内蒙古地区，在旅游市场竞争白热化的今天，若想提升其旅游经济竞争力，则需对旅游客源市场进行调查与研究，而直接影响旅游市场的因素就是旅游人数。当地居民也是潜在的旅游者，所以内蒙古自治区各旗（县、区）的城镇化水平对当地的旅游市场形成也起到了重要作用。所以本书通过旅游者人数和旗（县、区）的城镇化水平来说明内蒙古自治区县域（101 个旗、县、区）的旅游市场区位的优劣。

表 4 -22　内蒙古自治区县域（101 个旗、县、区）景区人数和景区收入调查表

地区	景区游览（人次）	景区总收入（万元）
新城区	22	263
回民区	98	1496
玉泉区	180	2650
赛罕区	3	68
土默特左旗	98	350
托克托县	67	212
和林格尔县	10	58
清水河县	45	32
武川县	12	89
东河区	91	773
昆都仑区	16	613
青山区	30	129

续表

地区	景区游览（人次）	景区总收入（万元）
石拐区	4	282
白云区	2	23
九原区	53	791
土默特右旗	64	101
固阳县	1	22
达茂旗	76	413
海勃湾区	85	1184
海南区	16	10
乌达区	32	10
红山区	100	10
元宝山区	30	11
松山区	17	234
阿鲁科尔沁旗	12	10
巴林左旗	50	428
巴林右旗	5	168
林西县	0	0
克什克腾旗	45	2396
翁牛特旗	24	1630
喀喇沁旗	7	273
宁城县	39	1907
敖汉旗	21	10
科尔沁区	67	94
科尔沁左翼中旗	11	504
科尔沁左翼后旗	33	2350
开鲁县	42	550
库伦旗	32	11
奈曼旗	72	346
扎鲁特旗	40	1471
霍林郭勒市	21	1610
东胜区	83	2931

续表

地区	景区游览（人次）	景区总收入（万元）
达拉特旗	77	2562
准格尔旗	67	2356
鄂托克前旗	32	2320
鄂托克旗	13	1906
杭锦旗	43	1245
乌审旗	31	1491
伊金霍洛旗	65	2456
海拉尔区	26	650
阿荣旗	8	11
莫力达瓦自治旗	14	32
鄂伦春自治旗	8	427
鄂温克自治旗	13	822
陈巴尔虎旗	28	1875
新巴尔虎左旗	25	626
新巴尔虎右旗	26	739
满洲里市	34	897
牙克石市	15	684
扎兰屯市	141	307
额尔古纳市	64	2304
根河市	3	84
临河区	81	630
五原县	40	1076
磴口县	23	3232
乌拉特前旗	26	1741
乌拉特中旗	23	600
乌拉特后旗	6	0
杭锦后旗	15	900
集宁区	42	102
卓资县	28	32
化德县	3	12

续表

地区	景区游览（人次）	景区总收入（万元）
商都县	2	10
兴和县	8	21
凉城县	36	105
察哈尔右翼前旗	22	45
察哈尔右翼中旗	13	23
察哈尔右翼后旗	11	21
四子王旗	34	145
丰镇市	17	32
乌兰浩特市	114	82
阿尔山市	85	2116
科尔沁右翼前旗	3	140
科尔沁右翼中旗	25	113
扎赉特旗	60	20
突泉县	1	54
二连浩特市	11	472
锡林浩特市	8	21
阿巴嘎旗	4	240
苏尼特左旗	1	250
苏尼特右旗	5	12
东乌珠穆沁旗	35	1189
西乌珠穆沁旗	21	1650
太仆寺旗	13	70
镶黄旗	3	8
正镶白旗	22	11
正蓝旗	4	152
多伦县	45	271
阿拉善左旗	121	3671
阿拉善右旗	67	2697
额济纳旗	86	3894

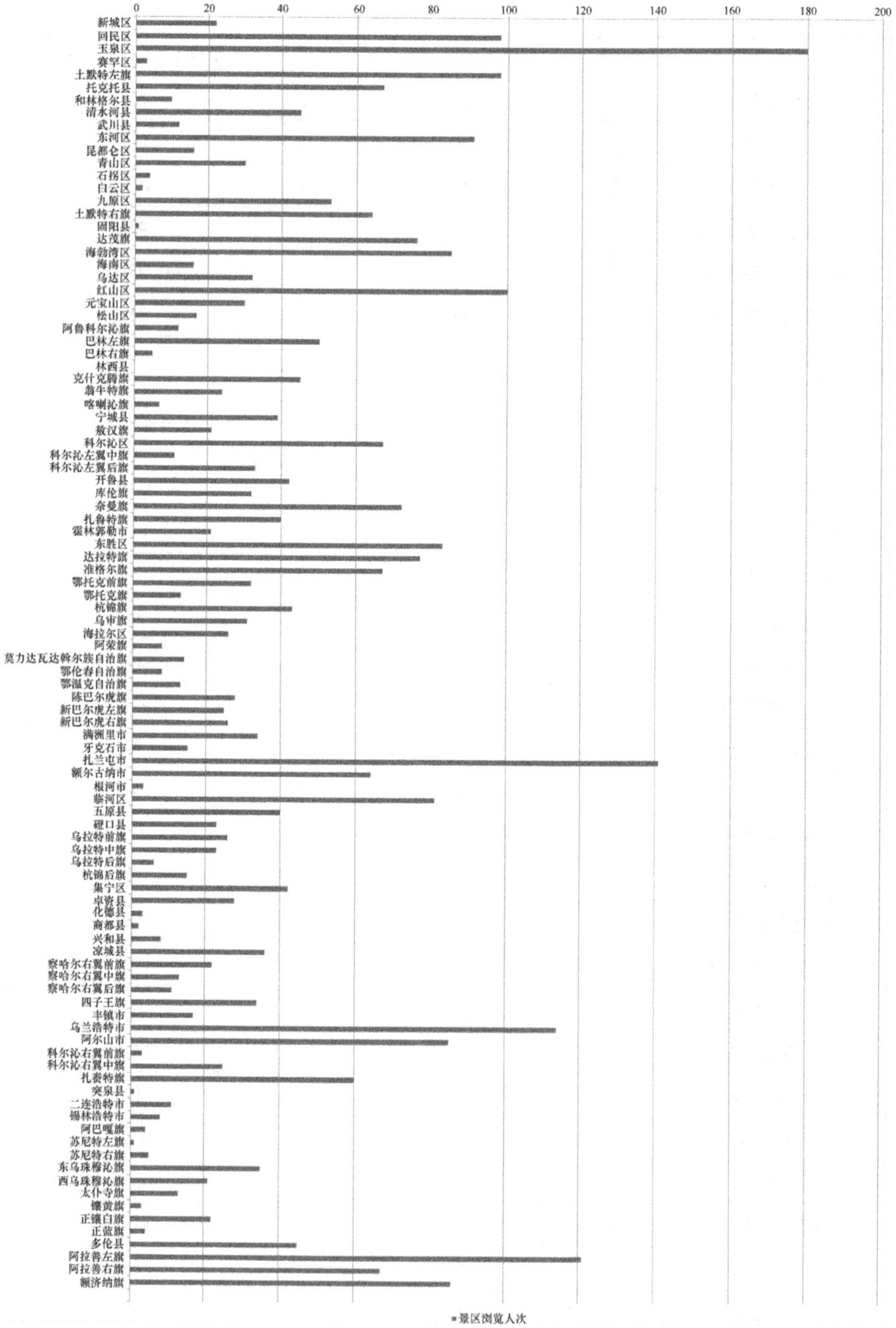

图 4-7　内蒙古自治区县域（101 个旗、县、区）景区旅游人数柱状图

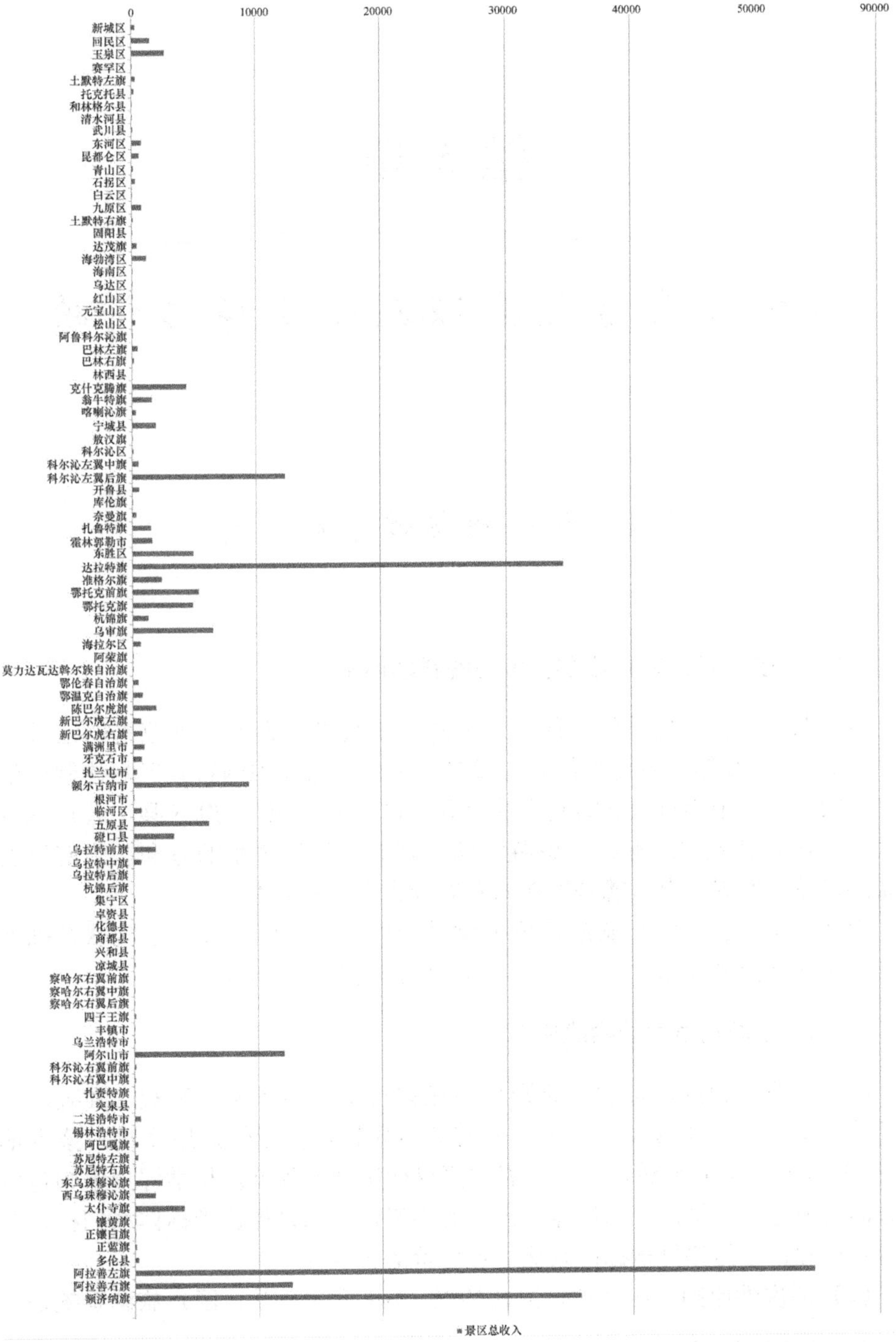

图4-8　内蒙古自治区县域（101个旗、县、区）景区旅游收入示意图

第 5 章

内蒙古自治区县域旅游竞争力评价

5.1 评价指标体系的构建

5.1.1 旗（县、区）旅游竞争力的科学内涵

旗（县、区）是区域的一种特定形式，是县级及行政区划范围的区域，由旗（县、区）、集镇、乡村等行政区域单位组成，它在中国行政区划体制中处于第三层次，是一个相对独立的基本社会和经济单元区域①。旗（县、区）旅游是旗（县、区）特定空间存在的旅游活动及其旅游经济关系的总和。旅游发展是指旅游可持续发展。潜力就是潜在的发展能力和承受能力。

因此，旗（县、区）旅游竞争力就是指旗（县、区）在旅游现状基础上能够支持未来旅游系统综合、全面、协调、可持续发展的潜在能力。

5.1.2 旅游竞争力的构建原则

（1）科学性原则。科学性原则指的是评价指标体系能较客观、准确、全面地反映内蒙古自治区旗（县、区）旅游的本质特征，能较好地度量内蒙古地区101 个旗（县、区）旅游可持续发展主要目标实现的程度。科学评价原则包含三个方面的内容：一是评价指标体系内容的准确性；二是评价指标体系的构建方法具有科学性；三是评价指标体系能体现评价的客观性。

（2）层次性原则。内蒙古自治区县域（101 个旗、县、区）旅游系统是一个

---

① 李振全，杨万钟，陆心贤．中国经济地理［M］．上海：华东师范大学出版社，1999.

多层次的目的地等级系统。旗（县、区）旅游系统可分解出不同等级系统。按照结构决定功能的原则，系统内范围大小不同的子系统，决定了旅游目的地系统内部各层次结构功能的不同差异，各结构层次的子系统有机组合构成一个完整的旗（县、区）旅游系统。指标体系的构建是由许多同一层次中具有不同作用和特点的指标所构成，因此选择指标也要具有层次性原则。

（3）系统性原则。旗（县、区）是我国具有相对独立性和完整性的基础行政区域，是一个机构齐全、功能完备的有机体系①。旗（县、区）旅游可视为一个系统，它是由相互作用和相互依赖的经济要素结合而成的具有特定功能的有机整体，各要素之间关联性密切、整体性很强。系统整体功能不等于部分功能之和，若系统结构是合理的，其整体功能将大于部分功能之和。县域旅游空间结构具有“牵一发而动全身”的相互影响作用②。

因此，在进行旗（县、区）旅游竞争力评价时，应从系统的整体出发，综合考虑整个系统的运行，着眼于系统的整体评价原则。

（4）动态性原则。任何事物都是发展的，因此，衡量旗（县、区）旅游发展水平的有关评价指标的评价值也具有动态性。指标体系的研究总是在一定空间范围内进行，其中除了有反映发展的静态指标，还要有动态指标；既要从时间序列，又要从空间序列来评价和判定。因此，旗（县、区）不同发展水平应采用不同的指标体系，遵循动态性原则③。

（5）前瞻性原则。前瞻性原则是指旗（县、区）旅游发展评价指标体系的设计要体现与时俱进的精神，把握未来发展的基本趋势。

5.1.3 评价指标体系的构建

根据以上分析的内蒙古自治区县域（101个旗、县、区）旅游竞争力的评价原则及科学内涵，结合内蒙古自治区县域（101个旗、县、区）的实际情况，参照有关学者提出的区域旅游竞争力评价指标体系，本书构建的内蒙古自治区县域旅游竞争力评价指标具体内容见表5-1。

---

① 朱舜．县域经济学通论［M］．北京：人民出版社，2001.

② 樊贞．基于区位论的县域旅游空间结构研究——以湖南资兴为例［D］．湘潭大学硕士学位论文，2008.

③ 赵晓兰．巴彦淖尔市小旗（县、区）竞争力评价与发展对策研究［D］．内蒙古师范大学硕士学位论文，2005.

表 5-1 内蒙古自治区县域旅游竞争力评价指标体系

目标层	准则层	因子层
内蒙古自治区县域旅游竞争力评价（A）	旅游资源区位（B1）	旅游资源个数及等级（C1）
		旅游资源多度（C2）
	旅游交通区位（B2）	道路通达性（C3）
		道路多样性（C4）
	旅游经济区位（B3）	旅游经济联系强度（C5）
		第三产业比重结构（C6）
	旅游市场区位（B4）	景区旅游者数量（C7）
		景区旅游收入（C8）

5.2 层次分析方法

5.2.1 层次分析法的基本原理

层次分析法（AHP）是美国运筹学家 T. L. Saaty 于 20 世纪 70 年代提出的，这种方法是一种定性和定量相结合的分析方法，它把一个复杂问题分解成组成因子，并按隶属关系形成层次结构，然后应用两两比较的方法确定各因子的相对重要程度①。层次分析法主要包括以下几个步骤：

（1）层次结构模型的建立，如表 5-2 所示。

表 5-2 层次结构模型

B_k	C_1	C_2	C_3	C_n
C_1	C_{11}	C_{12}	C_{13}	C_{1n}
C_2	C_{21}	C_{22}	C_{23}	C_{2n}
$C_3 \cdots$	$C_{31} \cdots$	C_{32}	C_{33}	C_{3n}
C_n	C_{n1}	C_{n2}	C_{n3}	C_{nn}

① 徐建华．现代地理学中的数学方法［M］．北京：高等教育出版社，2004.

$$M_i = \prod_{j=1}^{n} b_{ij} (i = 1, 2, \cdots, n) \tag{5-1}$$

（2）专家咨询工作。由于层次分析法存在着一定的问题，特别是较大的随意性，这是层次分析法无法克服的一个缺点。为了克服这一缺点，在实际运用中，在构造判断矩阵时，对于各个因子之间的重要程度的判断，通过发放调查问卷的形式，综合各个专家的不同意见，取各个专家判断值的平均数。

（3）判断矩阵的构造。这一步骤是 AHP 分析法的一个关键步骤。判断矩阵表示对上一层次中的某因子而言，评定该层次中各有关因子相对重要性的状况。

其中，C_{ij}表示对于 B_k 而言，元素 C_i 对 C_j 重要性的判断性的重要值。

（4）计算重要性排序。根据构造的判断矩阵，利用线性代数，精确求出 T 的最大特征对应特征向量。所求特征向量即为各评价元素的重要性排序，归一化后，就是分配。一般有和积法和方根法两种方法，本书考虑到方根法更精确一些，采用如下公式：

$$\overline{W_i} = \sqrt[n]{M_i} (i = 1, 2, \cdots, n)$$

$$W_i = \overline{W_i} \Big/ \sum_{i=1}^{n} \overline{W_i} (i = 1, 2, \cdots, n), \text{则 } W = [W_1, W_2, \cdots, W_n]^T \tag{5-2}$$

（5）一致性检验。由于客观事物的复杂性或认识事物的片面性，通过所构造的判断矩阵求出的特征向量（权值）是否合理，需要对判断矩阵进行一致性和随机性检验，检验公式如下：

$$\lambda_{max} = \sum_{i=1}^{n} \frac{(AW)_i}{nW_i} \tag{5-3}$$

$$CI = \frac{\lambda_{max} - n}{n - 1}, \quad CR = \frac{CI}{RI} \tag{5-4}$$

当 $CR < 0.1$ 时，认为判断矩阵具有令人满意的一致性；否则，当 $CR \geqslant 0.1$ 时，需要调整判断矩阵，直到满意为止。

5.2.2　权重计算结果

根据以上方法，通过构造判断矩阵、专家打分、层次单排序、层次总排序及一致性检验等步骤，计算如下：

（1）4 项准则层的评价指标的相对权重，它们表示准则层的各评价指标对实现总目标的重要程度。

（2）计算每一个因素层的各评价指标对准则层的评价指标的相对权重，并用准则层 B1、B2、B3、B4 的权重对因素层评价指标的相对权重加权后相加，得到因素层的评价指标 C1、C2、C3、C4、C5、C6、C7、C8 的组合权重，它们表示因素层的评价指标对实现准则层目标的重要程度。

表 5 – 3 准则层评价指标的相对权重

准则层	B1	B2	B3	B4
权重	0. 399	0. 261	0. 172	0. 168

表 5 – 4 因子层评价指标的相对权重

因素层	C1	C2	C3	C4	C5	C6	C7	C8
权重	0. 311	0. 088	0. 095	0. 166	0. 110	0. 062	0. 068	0. 100

5.2.3 评价方法与步骤

5.2.3.1 各项指标数据的标准化处理

由于反映内蒙古自治区县域（101 个旗、县、区）旅游竞争力的各项评价指标数据均采用现实指标资料，各数据存在着不同的量纲，所以进行评价时必须进行标准化处理，标准化处理的方法较多，本书结合指标的设置情况，选择极值标准化方法对原始数据进行标准化处理，其计算方法如下：

（1）发展类［即当指标值与旗（县、区）旅游竞争力正相关时］指标的计算方法如下：

$$P_{ij}=\frac{x_j-\min x_j}{\max x_j-\min x_j} \tag{5-5}$$

式中，i 为旗（县、区）个数（$i=1, 2, 3, \cdots, n$），j 为指标个数（$j=1, 2, 3, m$），P_{ij}为 i 旗（县、区）j 指标的标准化分值，x_j 为 i 旗（县、区）j 指标的实际调查值，$minx_j$ 为第 j 个指标的最小数据值，$maxx_j$ 为第 j 个指标的最大数据值。

（2）制约类［即当现实指标值与旗（县、区）旅游竞争力负相关时］指标的计算方法如下：

$$P_{ij}=\frac{\max x_j-x_j}{\max x_j-\min x_j} \tag{5-6}$$

式中，i 为旗（县、区）个数（$i=1, 2, 3, \cdots, n$），j 为指标个数（$j=1, 2, 3, \cdots, m$），P_{ij}为 i 旗（县、区）j 指标的标准化分值，x_j 为 i 旗（县、区）j 指标的实际调查值，$minx_j$ 为第 j 个指标的最小数据值，$maxx_j$ 为第 j 个指标的最大数据值。

5.2.3.2 评价模型的建立

在进行无量纲化处理的基础上，本书用多因素加权分值法建立内蒙古旗（县、区）旅游竞争力的考核评价模型，其模型如下。

$$F_i = \sum_{j=1}^{n} P_{ij} W_j \qquad (= 1,2,3,\cdots,n) \tag{5-7}$$

式中，F_i 为 i 旗（县、区）竞争力指数，P_{ij}为 i 旗（县、区）第 j 项指标的标准化数值，W_j 为第 j 项指标的权重系数，n 为指标总个数。F_i 越大表示旗（县、区）的竞争力越大，用公式来计算旗（县、区）竞争力指数的标准化值，其中 F_i 为 i 旗（县、区）竞争力指数的标准化值，F_i 为 i 旗（县、区）竞争力指数，F_{max}为所有旗（县、区）旅游竞争力指数的最大值。F_{max}为所有旗（县、区）旅游竞争力指数的最大值。

$$F = \frac{F_i}{F_{max}} \times 100 \tag{5-8}$$

5.2.4　内蒙古自治区旗（县、区）旅游竞争力分值的计算

根据以上所述方法对基础数据进行标准化处理、数据库建立和模型运算，得到内蒙古地区县域（101 个旗、县、区）旅游竞争力综合评价指数和准则层五项指标的评价指数。

（1）内蒙古自治区县域（101 个旗、县、区）旅游资源区位（B1）计算结果（表 5－5、图 5－1）。

表 5－5　内蒙古自治区县域（101 个旗、县、区）旅游资源区位（B1）计算结果

地区	旅游资源个数及等级（C1）	旅游资源多度（C2）	旅游资源区位（B1）
新城区	11.52	1.07	12.59
回民区	17.28	7.17	24.45
玉泉区	18.43	4.71	23.14
赛罕区	0.00	0.00	0.00
土默特左旗	19.58	0.46	20.04
托克托县	4.61	0.19	4.80
和林格尔县	8.06	0.15	8.21
清水河县	2.30	0.09	2.39
武川县	3.46	0.05	3.51
东河区	10.06	5.90	15.96
昆都仑区	3.46	0.83	4.29
青山区	5.76	7.49	13.25
石拐区	4.61	0.41	5.02
白云区	0.00	0.00	0.00

续表

地区	旅游资源个数及等级（C1）	旅游资源多度（C2）	旅游资源区位（B1）
九原区	11.52	0.42	11.94
土默特右旗	8.06	0.21	8.27
固阳县	3.46	0.05	3.51
达茂旗	19.28	0.1	19.38
海勃湾区	23.04	3.79	26.83
海南区	10.2	0.25	10.45
乌达区	0.00	0.00	0.00
红山区	15.37	1.98	17.35
元宝山区	0.00	0.00	0.00
松山区	5.76	0.09	5.85
阿鲁科尔沁旗	0.00	0.00	0.00
巴林左旗	6.91	0.07	6.98
巴林右旗	9.21	0.08	9.29
林西县	0.00	0.00	0.00
克什克腾旗	17.67	0.04	17.71
翁牛特旗	5.76	0.04	5.80
喀喇沁旗	18.13	0.33	18.46
宁城县	20.43	0.41	20.84
敖汉旗	0.00	0.00	0.00
科尔沁区	6.91	0.16	7.07
科尔沁左翼中旗	8.06	0.05	8.11
科尔沁左翼后旗	9.21	0.07	9.28
开鲁县	18.13	0.22	18.35
库伦旗	4.61	0.05	4.66
奈曼旗	9.21	0.09	9.30
扎鲁特旗	9.21	0.04	9.25
霍林郭勒市	14.97	2.14	17.11
东胜区	28.34	0.70	29.04
达拉特旗	23.58	0.15	23.73

续表

地区	旅游资源个数及等级（C1）	旅游资源多度（C2）	旅游资源区位（B1）
准格尔旗	16.00	0.10	16.10
鄂托克前旗	18.00	0.08	18.08
鄂托克旗	17.00	0.05	17.05
杭锦旗	13.82	0.05	13.87
乌审旗	25.89	0.13	26.02
伊金霍洛旗	20.13	0.21	20.34
海拉尔区	18.43	0.87	19.30
阿荣旗	4.61	0.04	4.65
莫力达瓦达斡尔族自治旗	6.91	0.05	6.96
鄂伦春自治旗	11.52	0.02	11.54
鄂温克自治旗	14.97	0.07	15.04
陈巴尔虎旗	22.58	0.07	22.65
新巴尔虎左旗	11.52	0.03	11.55
新巴尔虎右旗	5.76	0.03	5.79
满洲里市	27.04	2.16	29.20
牙克石市	11.52	0.04	11.56
扎兰屯市	12.67	0.06	12.73
额尔古纳市	20.43	0.06	20.49
根河市	6.91	0.03	6.94
临河区	27.64	1.07	28.71
五原县	14.97	0.50	15.47
磴口县	20.73	0.42	21.15
乌拉特前旗	16.13	0.17	16.30
乌拉特中旗	9.21	0.04	9 25
乌拉特后旗	4.61	0.02	4.63
杭锦后旗	13.82	0.57	14.39
集宁区	18.43	8.80	27.23
卓资县	3.46	0.09	3.55
化德县	0.00	0.00	0.00

续表

地区	旅游资源个数及等级（C1）	旅游资源多度（C2）	旅游资源区位（B1）
商都县	0.00	0.00	0.00
兴和县	9.21	0.14	9.35
凉城县	4.61	0.07	4.68
察哈尔右翼前旗	0.00	0.00	0.00
察哈尔右翼中旗	14.97	0.24	15.21
察哈尔右翼后旗	0.00	0.00	0.00
四子王旗	11.52	0.04	11.56
丰镇市	0.00	0.00	0.00
乌兰浩特市	10.37	1.30	11.67
阿尔山市	19.67	0.10	19.77
科尔沁右翼前旗	6.91	0.03	6.94
科尔沁右翼中旗	6.91	0.05	6.96
扎赉特旗	4.61	0.04	4.65
突泉县	2.30	0.05	2.35
二连浩特市	10.06	1.11	11.17
锡林浩特市	9.91	0.03	9.94
阿巴嘎旗	7.76	0.02	7.78
苏尼特左旗	2.30	0.01	2.31
苏尼特右旗	0.00	0.00	0.00
东乌珠穆沁旗	11.21	0.02	11.23
西乌珠穆沁旗	8.06	0.02	8.08
太仆寺旗	4.61	0.07	4.68
镶黄旗	4.61	0.10	4.71
正镶白旗	0.00	0.07	0.07
正蓝旗	5.76	0.05	5.81
多伦县	13.52	0.27	13.79
阿拉善左旗	36.10	0.02	36.12
阿拉善右旗	19.00	0.01	19.01
额济纳旗	21.00	0.00	21.00

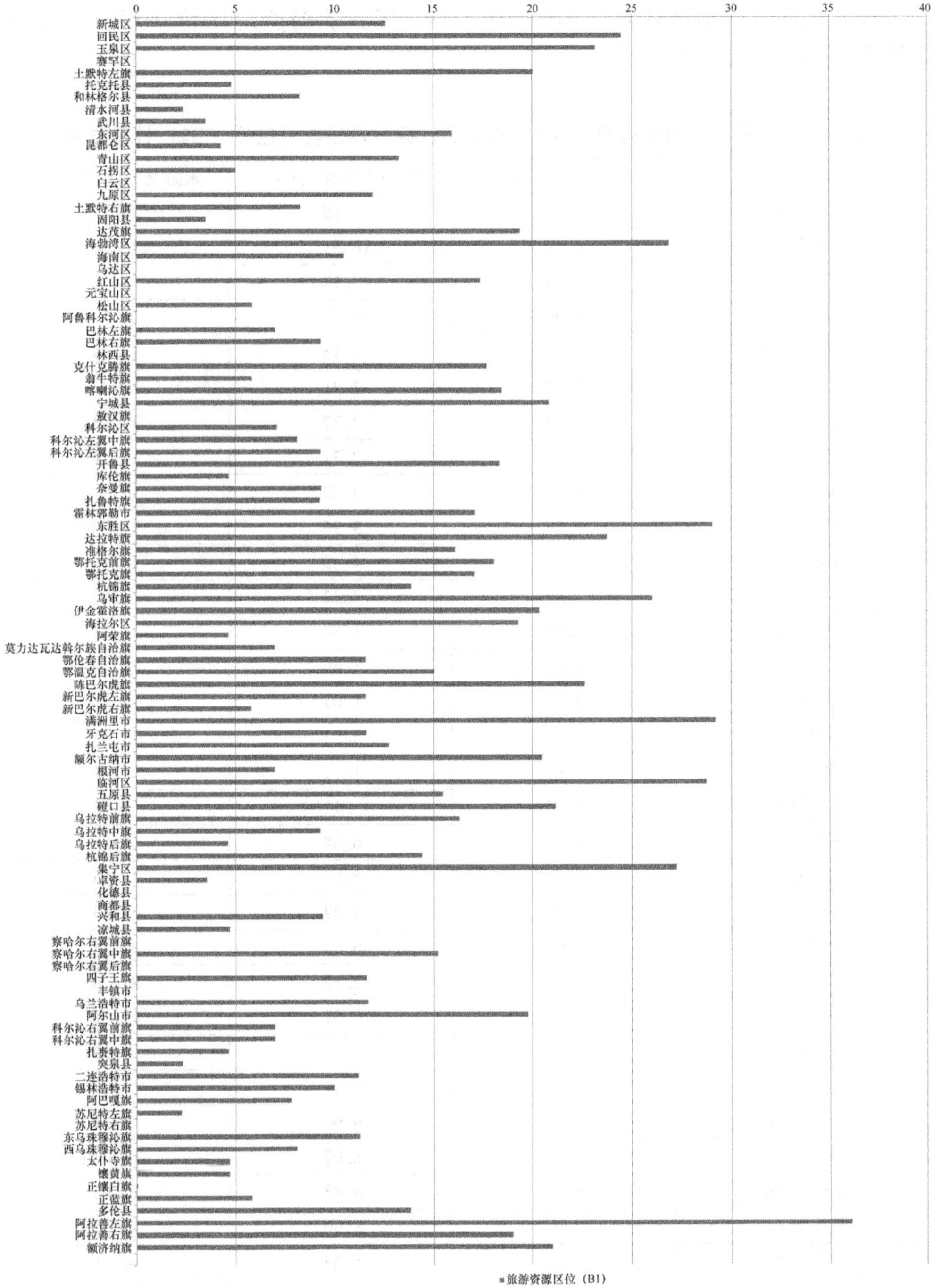

图 5－1 内蒙古自治区县域（101 个旗、县、区）旅游资源区位（B1）

（2）内蒙古自治区县域（101个旗、县、区）旅游交通区位（B2）计算结果见表5－6和图5－2。

表5－6 内蒙古自治区县域（101个旗、县、区）旅游交通区位（B2）计算结果

地区	交通通达性（C3）	交通多样性（C4）	旅游交通区位（B2）
新城区	8.39	7.75	16.14
回民区	8.39	10.51	18.90
玉泉区	8.39	7.19	15.58
赛罕区	8.39	12.17	20.56
土默特左旗	8.21	5.53	13.74
托克托县	8.20	2.21	10.41
和林格尔县	8.47	2.77	11.24
清水河县	8.32	2.21	10.53
武川县	8.24	3.32	11.56
东河区	7.73	9.96	17.69
昆都仑区	7.73	4.43	12.16
青山区	7.73	3.32	11.05
石拐区	7.79	1.66	9.45
白云区	7.53	1.66	9.19
九原区	7.73	11.07	18.80
土默特右旗	7.92	5.53	13.45
固阳县	7.66	1.11	8.77
达茂旗	7.65	1.11	8.76
海勃湾区	6.21	6.64	12.85
海南区	6.21	6.64	12.85
乌达区	6.21	3.32	9.53
红山区	8.61	6.64	15.25
元宝山区	8.61	12.17	20.78
松山区	8.61	10.51	19.12
阿鲁科尔沁旗	7.79	4.43	12.22
巴林左旗	7.94	6.09	14.03
巴林右旗	8.20	9.96	18.16
林西县	8.24	6.09	14.33
克什克腾旗	8.52	4.43	12.95
翁牛特旗	8.37	8.30	16.67
喀喇沁旗	8.78	5.53	14.31
宁城县	8.58	1.66	10.24
敖汉旗	8.44	7.19	15.63

续表

地区	交通通达性（C3）	交通多样性（C4）	旅游交通区位（B2）
科尔沁区	7.13	15.49	22.62
科尔沁左翼中旗	6.69	3.87	10.56
科尔沁左翼后旗	7.11	6.64	13.75
开鲁县	7.52	3.32	10.84
库伦旗	7.48	2.77	10.25
奈曼旗	7.89	5.53	13.42
扎鲁特旗	7.31	1.66	8.97
霍林郭勒市	6.90	7.19	14.09
东胜区	7.72	8.30	16.02
达拉特旗	7.77	5.53	13.30
准格尔旗	8.19	6.64	14.83
鄂托克前旗	6.34	1.11	7.45
鄂托克旗	6.81	2.77	9.58
杭锦旗	7.16	1.66	8.82
乌审旗	7.00	0.00	7.00
伊金霍洛旗	7.58	5.53	13.11
海拉尔区	3.23	12.73	15.96
阿荣旗	3.83	4.98	8.81
莫力达瓦达斡尔族自治旗	3.12	0.55	3.67
鄂伦春自治旗	0.73	9.96	10.69
鄂温克自治旗	3.03	3.87	6.90
陈巴尔虎旗	3.16	6.64	9.80
新巴尔虎左旗	4.51	5.53	10.04
新巴尔虎右旗	3.86	0.00	3.86
满洲里市	2.62	7.75	10.37
牙克石市	3.07	9.41	12.48
扎兰屯市	4.24	4.43	8.67
额尔古纳市	1.90	1.11	3.01
根河市	1.00	8.30	9.30
临河区	6.37	9.41	15.78
五原县	6.74	6.64	13.38
磴口县	4.90	6.64	11.54
乌拉特前旗	7.05	6.64	13.69
乌拉特中旗	6.77	3.87	10.64
乌拉特后旗	6.00	2.77	8.77

续表

地区	交通通达性（C3）	交通多样性（C4）	旅游交通区位（B2）
杭锦后旗	6.16	3.87	10.03
集宁区	8.93	11.62	20.55
卓资县	8.81	8.85	17.66
化德县	9.08	6.09	15.17
商都县	9.03	2.77	11.80
兴和县	9.22	8.85	18.07
凉城县	8.76	6.09	14.85
察哈尔右翼前旗	9.02	18.81	27.83
察哈尔右翼中旗	8.67	2.21	10.88
察哈尔右翼后旗	8.92	6.09	15.01
四子王旗	8.22	1.11	9.33
丰镇市	8.94	9.41	18.35
乌兰浩特市	5.80	10.51	16.31
阿尔山市	5.58	7.19	12.77
科尔沁右翼前旗	6.22	6.64	12.86
科尔沁右翼中旗	6.84	4.43	11.27
扎赉特旗	5.56	0.55	6.11
突泉县	6.82	0.55	7.37
二连浩特市	7.55	7.75	15.30
锡林浩特市	8.14	13.83	21.97
阿巴嘎旗	7.99	0.00	7.99
苏尼特左旗	7.81	3.87	11.68
苏尼特右旗	8.13	6.64	14.77
东乌珠穆沁旗	7.10	1.11	8.21
西乌珠穆沁旗	7.72	3.87	11.59
太仆寺旗	9.46	2.77	12.23
镶黄旗	8.77	0.00	8.77
正镶白旗	9.02	3.87	12.89
正蓝旗	9.15	10.51	19.66
多伦县	9.18	6.09	15.27
阿拉善左旗	5.47	7.75	13.22
阿拉善右旗	2.22	3.32	5.54
额济纳旗	0.00	3.32	3.32

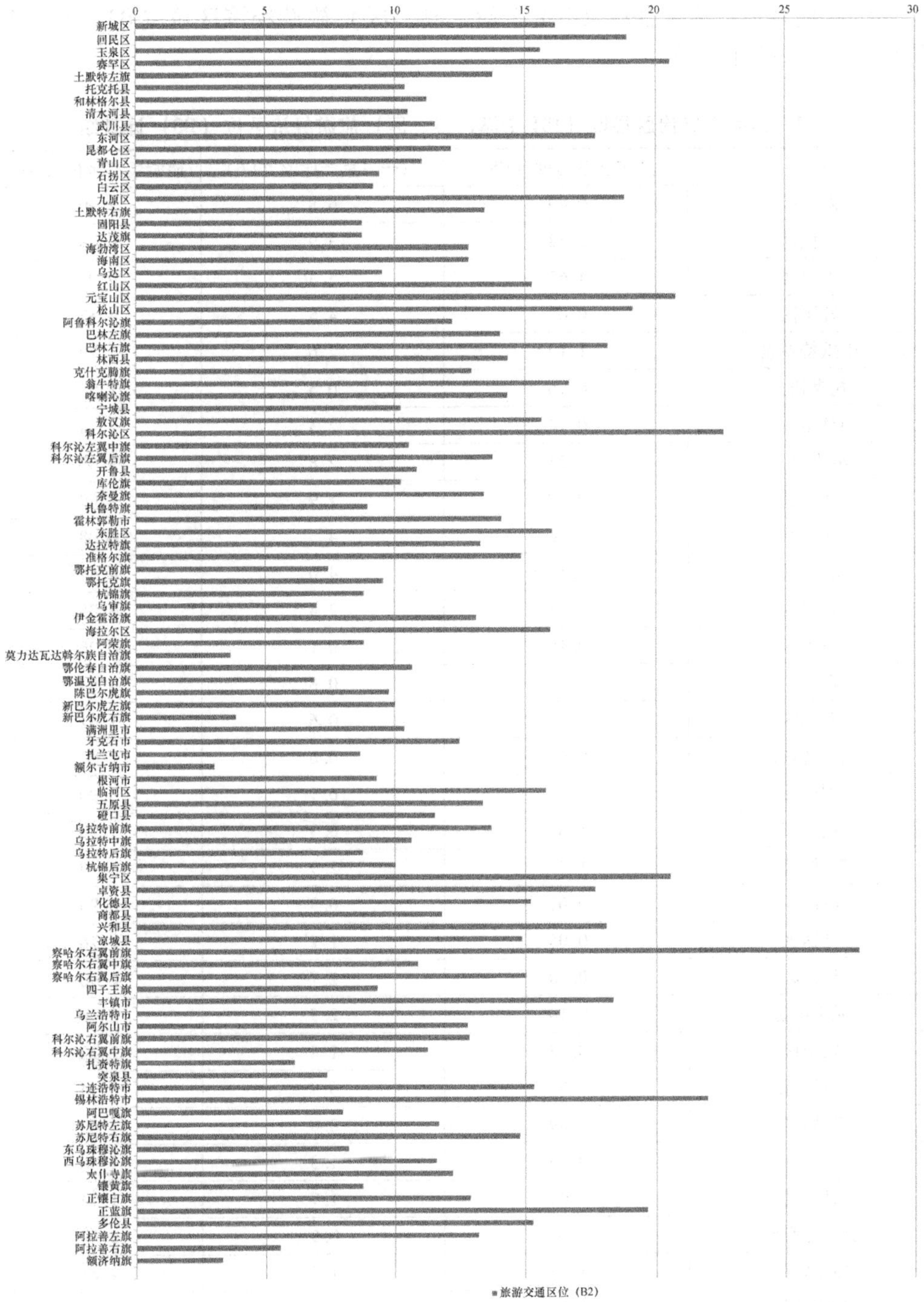

图 5-2 内蒙古自治区县域（101 个旗、县、区）旅游交通区位（B2）

（3）内蒙古自治区县域（101个旗、县、区）旅游经济区位（B3）计算结果见表5－7和图5－3。

表5－7　内蒙古自治区县域（101个旗、县、区）旅游经济区位（B3）计算结果

地区	经济联系强度（C5）	三产占总产比值（C6）	旅游经济区位（B3）
新城区	0.49	6.8	7.29
回民区	2.58	3.9	6.48
玉泉区	4.67	5.3	9.97
赛罕区	0.07	4.5	4.57
土默特左旗	1.19	2.6	3.79
托克托县	0.76	0.5	1.26
和林格尔县	0.14	2.3	2.44
清水河县	0.23	2.8	3.03
武川县	0.19	1.9	2.09
东河区	1.58	4.5	6.08
昆都仑区	0.57	4.0	4.57
青山区	0.35	2.4	2.75
石拐区	0.18	0.1	0.28
白云区	0.01	0.8	0.81
九原区	1.21	0.6	1.81
土默特右旗	0.47	0.6	1.07
固阳县	0.00	0.9	0.90
达茂旗	1.03	0.9	1.93
海勃湾区	1.49	2.9	4.39
海南区	0.03	0.9	0.93
乌达区	0.06	1.2	1.26
红山区	0.20	2.7	2.90
元宝山区	0.10	2.5	2.60
松山区	0.42	1.8	2.22
阿鲁科尔沁旗	0.04	0.9	0.94
巴林左旗	0.89	0.8	1.69
巴林右旗	0.16	1.3	1.46
林西县	0.04	1.7	1.74
克什克腾旗	3.07	0.9	3.97
翁牛特旗	1.31	1.5	2.81
喀喇沁旗	0.29	2.4	2.69
宁城县	1.89	1.5	3.39

续表

地区	经济联系强度（C5）	三产占总产比值（C6）	旅游经济区位（B3）
敖汉旗	0.07	1.6	1.67
科尔沁区	0.41	2.4	2.81
科尔沁左翼中旗	0.35	1.8	2.15
科尔沁左翼后旗	3.48	1.5	4.98
开鲁县	0.86	1.0	1.86
库伦旗	0.09	0.8	0.89
奈曼旗	0.96	0.9	1.86
扎鲁特旗	1.35	1.1	2.45
霍林郭勒市	0.95	1.1	2.05
东胜区	3.85	4.5	8.35
达拉特旗	9.95	1.9	11.85
准格尔旗	2.58	2.2	4.78
鄂托克前旗	1.98	0.9	2.88
鄂托克旗	1.29	3.8	5.09
杭锦旗	1.25	2.7	3.95
乌审旗	2.39	0.8	3.19
伊金霍洛旗	8.57	2.4	10.97
海拉尔区	0.74	1.5	2.24
阿荣旗	0.00	0.6	0.60
莫力达瓦达斡尔族自治旗	0.05	1.5	1.55
鄂伦春自治旗	0.15	3.4	3.55
鄂温克自治旗	0.22	1.1	1.32
陈巴尔虎旗	0.68	1.5	2.18
新巴尔虎左旗	0.37	1.6	1.97
新巴尔虎右旗	0.49	0.4	0.89
满洲里市	0.58	1.8	2.38
牙克石市	0.27	2.0	2.27
扎兰屯市	0.63	0.8	1.43
额尔古纳市	2.77	2.2	4.97
根河市	0.02	3.0	3.02
临河区	0.53	2.2	2.73
五原县	2.38	1.0	3.38
磴口县	1.38	1.0	2.38
乌拉特前旗	0.81	0.9	1.71
乌拉特中旗	0.61	0.9	1.51

续表

地区	经济联系强度（C5）	三产占总产比值（C6）	旅游经济区位（B3）
乌拉特后旗	0.03	1.7	1.73
杭锦后旗	0.51	0.8	1.31
集宁区	0.28	0.9	1.18
卓资县	0.20	1.3	1.5
化德县	0.02	0.8	0.82
商都县	0.01	1.6	1.61
兴和县	0.07	2.6	2.67
凉城县	0.45	1.1	1.55
察哈尔右翼前旗	0.20	0.9	1.10
察哈尔右翼中旗	0.10	1.2	1.30
察哈尔右翼后旗	0.08	1.6	1.68
四子王旗	0.50	1.5	2.00
丰镇市	0.12	1.5	1.62
乌兰浩特市	0.41	1.8	2.21
阿尔山市	4.39	3.5	7.89
科尔沁右翼前旗	0.07	0.8	0.87
科尔沁右翼中旗	0.25	2.0	2.25
扎赉特旗	0.12	1.7	1.82
突泉县	0.01	1.2	1.21
二连浩特市	0.40	4.5	4.90
锡林浩特市	0.06	2.0	2.06
阿巴嘎旗	0.17	0.8	0.97
苏尼特左旗	0.07	0.9	0.97
苏尼特右旗	0.02	1.2	1.22
东乌珠穆沁旗	1.49	0.7	2.19
西乌珠穆沁旗	1.10	1.5	2.60
太仆寺旗	1.86	1.9	3.76
镶黄旗	0.01	0.6	0.61
正镶白旗	0.09	1.9	1.99
正蓝旗	0.16	0.9	1.06
多伦县	0.84	1.3	2.14
阿拉善左旗	11.00	1.2	12.20
阿拉善右旗	2.59	0.9	3.49
额济纳旗	3.88	1.2	5.08

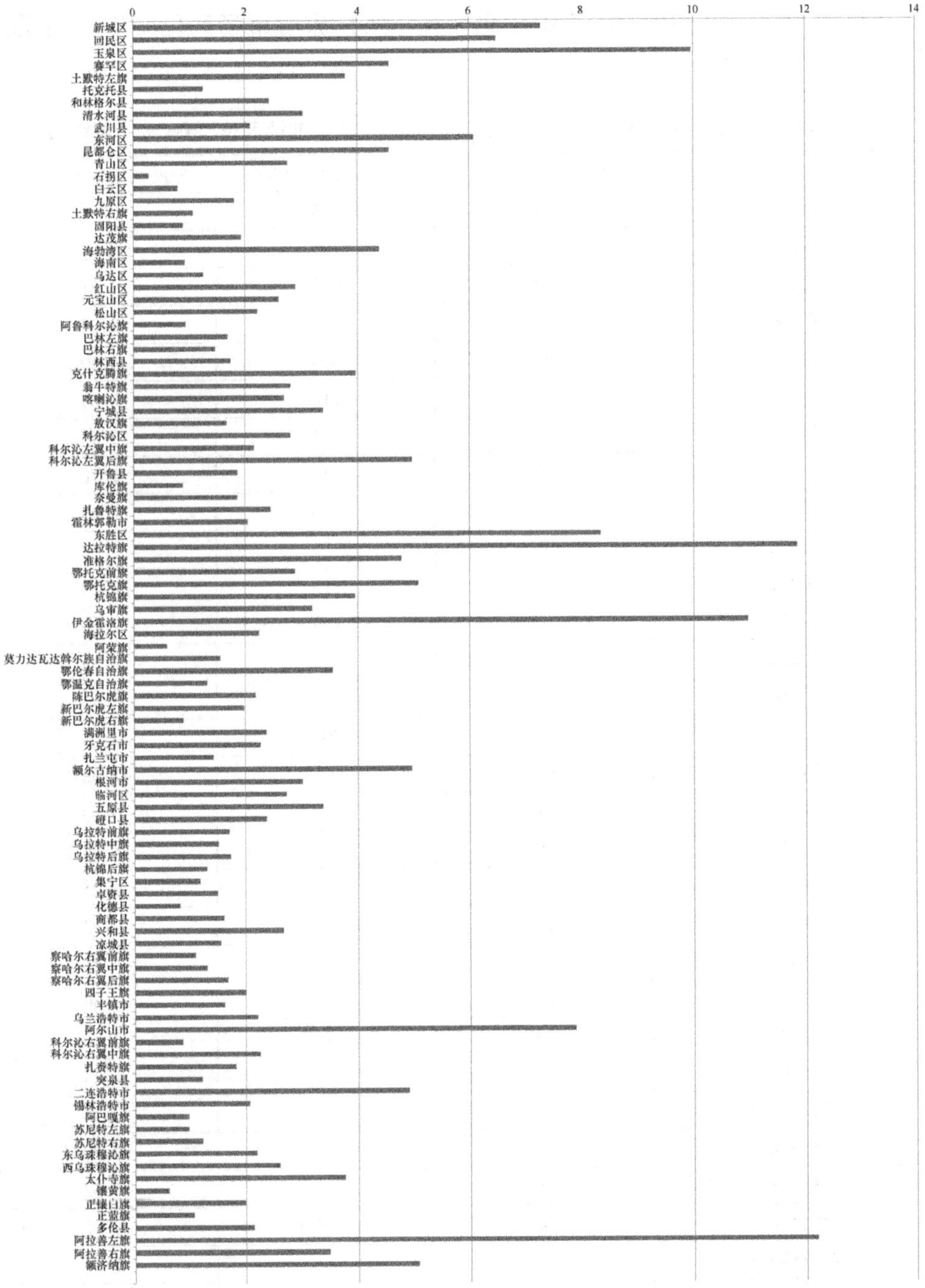

图 5－3　内蒙古自治区县域（101 个旗、县、区）旅游经济区位（B3）

（4）内蒙古自治区县域（101 个旗、县、区）旅游市场区位（B4）计算结果见表 5－8 和图 5－4。

表 5－8　内蒙古自治区县域（101 个旗、县、区）旅游市场区位（B4）计算结果

地区	景区人数（C7）	景区收入（C8）	旅游市场区位（B4）
新城区	22	263	1.51
回民区	98	1496	7.54
玉泉区	180	2650	13.61
赛罕区	3	68	0.29
土默特左旗	98	350	4.60
托克托县	67	212	3.08
和林格尔县	10	58	0.53
清水河县	45	32	1.78
武川县	12	89	0.68
东河区	91	773	5.42
昆都仑区	16	613	2.18
青山区	30	129	1.46
石拐区	4	282	0.88
白云区	2	23	0.13
九原区	53	791	4.03
土默特右旗	64	101	2.68
固阳县	1	22	0.09
达茂旗	76	413	3.93
海勃湾区	85	1184	6.25
海南区	16	10	0.63
乌达区	32	10	1.23
红山区	100	10	3.80
元宝山区	30	11	1.16
松山区	17	234	1.24
阿鲁科尔沁旗	12	10	0.48
巴林左旗	50	428	2.99
巴林右旗	5	168	0.62
林西县	0.00	0.00	0.00
克什克腾旗	45	2396	7.85
翁牛特旗	24	1630	5.09
喀喇沁旗	7	273	0.97
宁城县	39	1907	6.37

续表

地区	景区人数（C7）	景区收入（C8）	旅游市场区位（B4）
敖汉旗	21	10	0.82
科尔沁区	67	94	2.77
科尔沁左翼中旗	11	504	1.71
科尔沁左翼后旗	33	2350	7.28
开鲁县	42	550	3.00
库伦旗	32	11	1.24
奈曼旗	72	346	3.61
扎鲁特旗	40	1471	5.29
霍林郭勒市	21	1610	4.93
东胜区	83	2931	10.66
达拉特旗	77	2562	9.49
准格尔旗	67	2356	8.58
鄂托克前旗	32	2320	7.17
鄂托克旗	13	1906	5.39
杭锦旗	43	1245	4.82
乌审旗	31	1491	5.00
伊金霍洛旗	65	2456	8.76
海拉尔区	26	650	2.65
阿荣旗	8	11	0.33
莫力达瓦达斡尔族自治旗	14	32	0.61
鄂伦春自治旗	8	427	1.40
鄂温克自治旗	13	822	2.60
陈巴尔虎旗	28	1875	5.87
新巴尔虎左旗	25	626	2.55
新巴尔虎右旗	26	739	2.88
满洲里市	34	897	3.59
牙克石市	15	684	2.32
扎兰屯市	141	307	6.12
额尔古纳市	64	2304	8.33
根河市	3	84	0.33
临河区	81	630	4.68
五原县	40	1076	4.27
磴口县	23	3232	9.17
乌拉特前旗	26	1741	5.45
乌拉特中旗	23	600	2.41

续表

地区	景区人数（C7）	景区收入（C8）	旅游市场区位（B4）
乌拉特后旗	6	0	0.23
杭锦后旗	15	900	2.88
集宁区	42	102	1.85
卓资县	28	32	1.14
化德县	3	12	0.14
商都县	2	10	0.10
兴和县	8	21	0.36
凉城县	36	105	1.63
察哈尔右翼前旗	22	45	0.95
察哈尔右翼中旗	13	23	0.55
察哈尔右翼后旗	11	21	0.47
四子王旗	34	145	1.66
丰镇市	17	32	0.72
乌兰浩特市	114	82	4.52
阿尔山市	85	2116	8.65
科尔沁右翼前旗	3	140	0.47
科尔沁右翼中旗	25	113	1.23
扎赉特旗	60	20	2.32
突泉县	1	54	0.18
二连浩特市	11	472	1.63
锡林浩特市	8	21	0.36
阿巴嘎旗	4	240	0.77
苏尼特左旗	1	250	0.68
苏尼特右旗	5	12	0.22
东乌珠穆沁旗	35	1189	4.38
西乌珠穆沁旗	21	1650	5.03
太仆寺旗	13	70	0.67
镶黄旗	3	8	0.13
正镶白旗	22	11	0.86
正蓝旗	4	152	0.54
多伦县	45	271	2.40
阿拉善左旗	121	3671	14.00
阿拉善右旗	67	2697	9.46
额济纳旗	86	3894	13.25

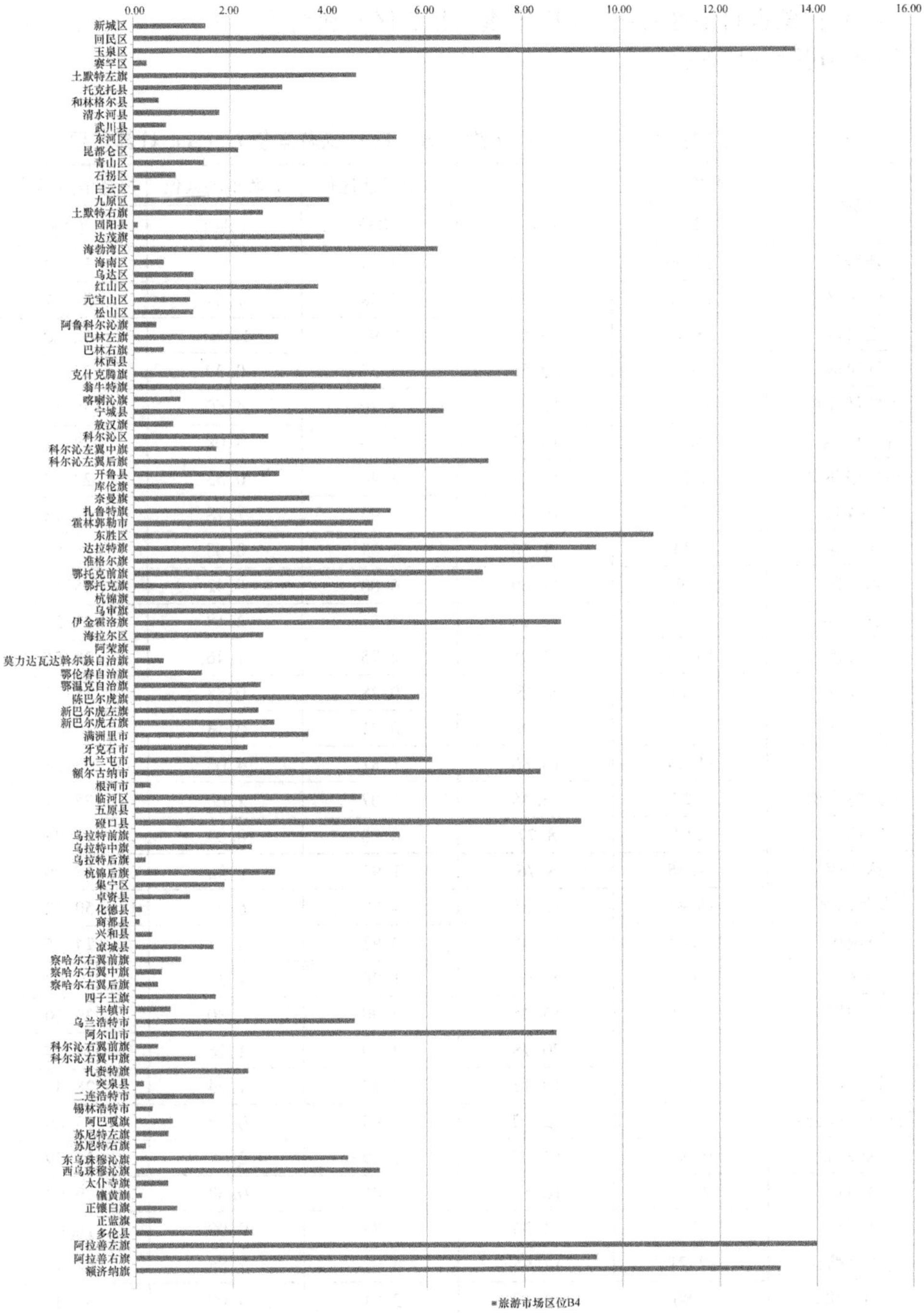

图5－4　内蒙古自治区县域（101个旗、县、区）旅游市场区位（B4）

（5）内蒙古自治区县域（101 个旗、县、区）旅游竞争力（A）计算结果如表 5 -9 和图 5 -5 所示。

表 5 -9 内蒙古自治区县域（101 个旗、县、区）旅游竞争力（A）计算结果

地区	旅游资源	旅游交通	旅游经济区位	旅游市场区位	竞争力得分
	（B1）	（B2）	（B3）	（B4）	（A）
新城区	12.59	16.14	7.29	1.51	37.53
回民区	24.45	18.90	6.48	7.54	57.37
玉泉区	23.14	15.58	9.97	13.61	62.30
赛罕区	0	20.56	4.57	0.29	25.42
土默特左旗	20.04	13.74	3.79	4.60	42.17
托克托县	4.8	10.41	1.26	3.08	19.55
和林格尔县	8.21	11.24	2.44	0.53	22.42
清水河县	2.39	10.53	3.03	1.78	17.73
武川县	3.51	11.56	2.09	0.68	17.84
东河区	15.96	17.69	6.08	5.42	45.15
昆都仑区	4.29	12.16	4.57	2.18	23.20
青山区	13.25	11.05	2.75	1.46	28.51
石拐区	5.02	9.45	0.28	0.88	15.63
白云区	0	9.19	0.81	0.13	10.13
九原区	11.94	18.80	1.81	4.03	36.58
土默特右旗	8.27	13.45	1.07	2.68	25.47
固阳县	3.51	8.77	0.90	0.09	13.27
达茂旗	19.38	8.76	1.93	3.93	34.00
海勃湾区	26.83	12.85	4.39	6.25	50.32
海南区	10.45	12.85	0.93	0.63	24.86
乌达区	0	9.53	1.26	1.23	12.02
红山区	17.35	15.25	2.90	3.80	39.30
元宝山区	0	20.78	2.60	1.16	24.54
松山区	5.85	19.12	2.22	1.24	28.43
阿鲁科尔沁旗	0	12.22	0.94	0.48	13.64
巴林左旗	6.98	14.03	1.69	2.99	25.69
巴林右旗	9.29	18.16	1.46	0.62	29.53
林西县	0	14.33	1.74	0.00	16.07
克什克腾旗	17.71	12.95	3.97	7.85	42.48
翁牛特旗	5.80	16.67	2.81	5.09	30.37
喀喇沁旗	18.46	14.31	2.69	0.97	36.43
宁城县	20.84	10.24	3.39	6.37	40.84

续表

地区	旅游资源	旅游交通	旅游经济区位	旅游市场区位	竞争力得分
	(B1)	(B2)	(B3)	(B4)	(A)
敖汉旗	0.00	15.63	1.67	0.82	18.12
科尔沁区	7.07	22.62	2.81	2.77	35.27
科尔沁左翼中旗	8.11	10.56	2.15	1.71	22.53
科尔沁左翼后旗	9.28	13.75	4.98	7.28	35.29
开鲁县	18.35	10.84	1.86	3.00	34.05
库伦旗	4.66	10.25	0.89	1.24	17.04
奈曼旗	9.30	13.42	1.86	3.61	28.19
扎鲁特旗	9.25	8.97	2.45	5.29	25.96
霍林郭勒市	17.11	14.09	2.05	4.93	38.18
东胜区	29.04	16.02	8.35	10.66	64.07
达拉特旗	23.73	13.30	11.85	9.49	58.37
准格尔旗	16.10	14.83	4.78	8.58	44.29
鄂托克前旗	18.08	7.45	2.88	7.17	35.58
鄂托克旗	17.05	9.58	5.09	5.39	37.11
杭锦旗	13.87	8.82	3.95	4.82	31.46
乌审旗	26.02	7.00	3.19	5.00	41.21
伊金霍洛旗	20.34	13.11	10.97	8.76	53.18
海拉尔区	19.30	15.96	2.24	2.65	40.15
阿荣旗	4.65	8.81	0.60	0.33	14.39
莫力达瓦达斡尔族自治旗	6.96	3.67	1.55	0.61	12.79
鄂伦春自治旗	11.54	10.69	3.55	1.40	27.18
鄂温克自治旗	15.04	6.90	1.32	2.60	25.86
陈巴尔虎旗	22.65	9.80	2.18	5.87	40.50
新巴尔虎左旗	11.55	10.04	1.97	2.55	26.11
新巴尔虎右旗	5.79	3.86	0.89	2.88	13.42
满洲里市	29.20	10.37	2.38	3.59	45.54
牙克石市	11.56	12.48	2.27	2.32	28.63
扎兰屯市	12.73	8.67	1.43	6.12	28.95
额尔古纳市	20.49	3.01	4.97	8.33	36.80
根河市	6.94	9.30	3.02	0.33	19.59
临河区	28.71	15.78	2.73	4.68	51.90
五原县	15.47	13.38	3.38	4.27	36.50
磴口县	21.15	11.54	2.38	9.17	44.24
乌拉特前旗	16.30	13.69	1.71	5.45	37.15

续表

地区	旅游资源（B1）	旅游交通（B2）	旅游经济区位（B3）	旅游市场区位（B4）	竞争力得分（A）
乌拉特中旗	9.25	10.64	1.51	2.41	23.81
乌拉特后旗	4.63	8.77	1.73	0.23	15.36
杭锦后旗	14.39	10.03	1.31	2.88	28.61
集宁区	27.23	20.55	1.18	1.85	50.81
卓资县	3.55	17.66	1.50	1.14	23.85
化德县	0.00	15.17	0.82	0.14	16.13
商都县	0.00	11.80	1.61	0.10	13.51
兴和县	9.35	18.07	2.67	0.36	30.45
凉城县	4.68	14.85	1.55	1.63	22.71
察哈尔右翼前旗	0.00	27.83	1.10	0.95	29.88
察哈尔右翼中旗	15.21	10.88	1.30	0.55	27.94
察哈尔右翼后旗	0.00	15.01	1.68	0.47	17.16
四子王旗	11.56	9.33	2.00	1.66	24.55
丰镇市	0.00	18.35	1.62	0.72	20.69
乌兰浩特市	11.67	16.31	2.21	4.52	34.71
阿尔山市	19.77	12.77	7.89	8.65	49.08
科尔沁右翼前旗	6.94	12.86	0.87	0.47	21.14
科尔沁右翼中旗	6.96	11.27	2.25	1.23	21.71
扎赉特旗	4.65	6.11	1.82	2.32	14.90
突泉县	2.35	7.37	1.21	0.18	11.11
二连浩特市	11.17	15.30	4.90	1.63	33.00
锡林浩特市	9.94	21.97	2.06	0.36	34.33
阿巴嘎旗	7.78	7.99	0.97	0.77	17.51
苏尼特左旗	2.31	11.68	0.97	0.68	15.64
苏尼特右旗	0.00	14.77	1.22	0.22	16.21
东乌珠穆沁旗	11.23	8.21	2.19	4.38	26.01
西乌珠穆沁旗	8.08	11.59	2.60	5.03	27.3
太仆寺旗	4.68	12.23	3.76	0.67	21.34
镶黄旗	4.71	8.77	0.61	0.13	14.22
正镶白旗	0.07	12.89	1.99	0.86	15.81
正蓝旗	5.81	19.66	1.06	0.54	27.07
多伦县	13.79	15.27	2.14	2.40	33.60
阿拉善左旗	36.12	13.22	12.20	14.00	75.54
阿拉善右旗	19.01	5.54	3.49	9.46	37.50
额济纳旗	21.00	3.32	5.08	13.25	42.65

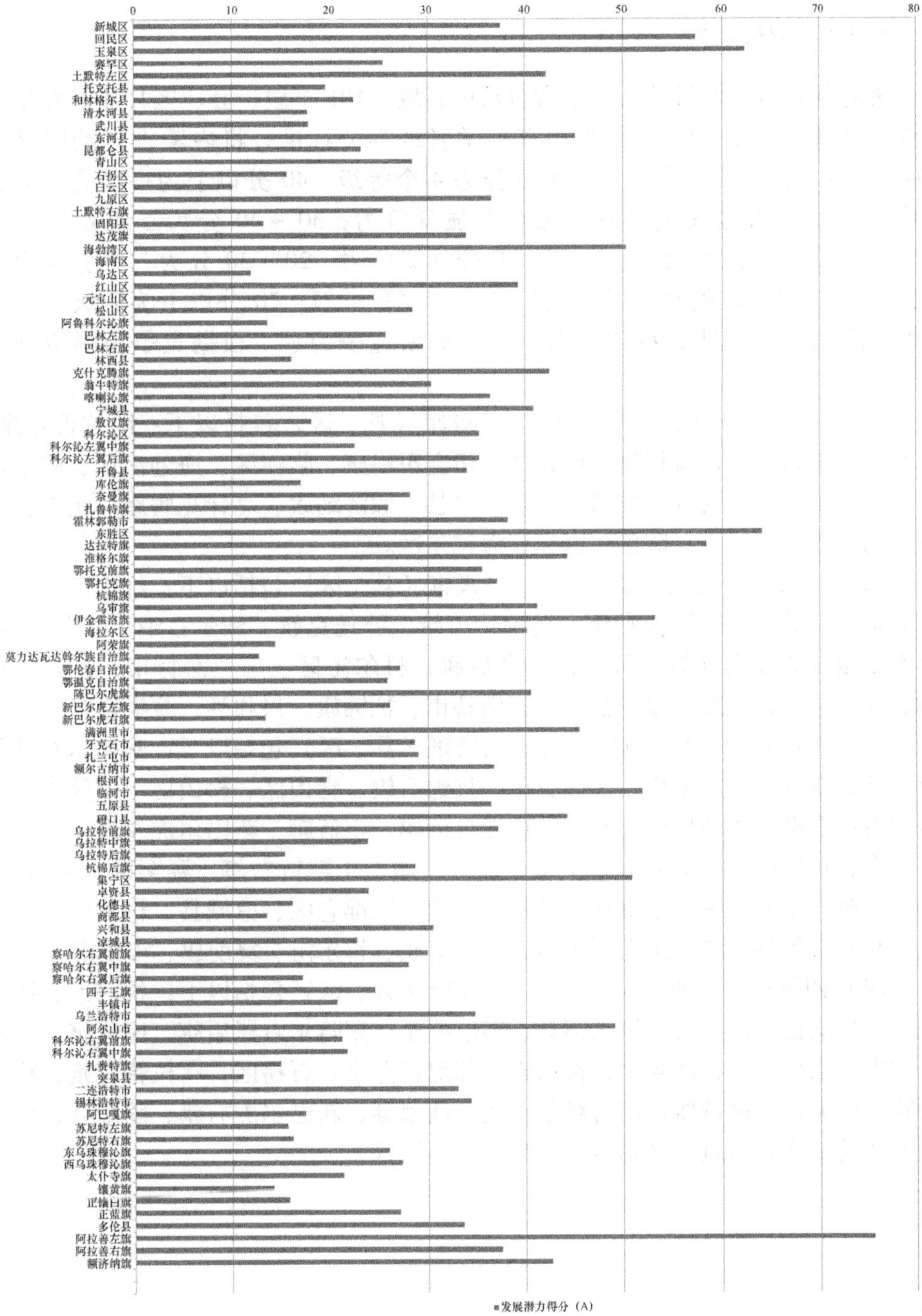

图 5－5　内蒙古自治区县域（101 个旗、县、区）旅游竞争力（A）

5.2.5 评价结果

根据层次分析法计算出内蒙古自治区县域（101 个旗、县、区）旅游竞争力指数的大小（表 5－9），并参照有关学者的划分标准，将内蒙古自治区县域（101 个旗、县、区）旅游竞争力划分为 4 个等级：40 分以上为一级竞争力旗（县、区），表明这些旗（县、区）有强竞争力；30～40 分为二级竞争力旗（县、区），表明这些旗（县、区）有较强竞争力，20～30 分为三级竞争力旗（县、区），表明这些旗（县、区）竞争力水平一般；20 分以下为四级竞争力（旗、县、区），表明这些旗（县、区）旅游竞争力弱。根据竞争力等级划分如下：

（1）一级竞争力旗（县、区）。一级旗（县、区）包括以下：阿拉善左旗、东胜区、玉泉区、达拉特旗、回民区、伊金霍洛旗、临河区、海勃湾区、阿尔山市、满洲里市、东河区、准格尔旗、磴口县、额济纳旗、克什克腾旗、土默特左旗、乌审旗、宁城县、陈巴尔虎旗、海拉尔区。

（2）二级竞争力旗（县、区）。二级旗（县、区）包括以下：红山区、霍林郭勒市、新城区、阿拉善右旗、乌拉特前旗、鄂托克旗、额尔古纳市、九原区、喀喇沁旗、鄂托克前旗、科尔沁左翼后旗、科尔沁区、乌兰浩特市、锡林浩特市、开鲁县、达茂旗、多伦县、二连浩特市、杭锦旗、兴和县、翁牛特旗。

（3）三级竞争力旗（县、区）。三级旗（县、区）包括以下：察哈尔右翼前旗、巴林右旗、扎兰屯市、牙克石市、杭锦后旗、青山区、松山区、奈曼旗、察哈尔右翼中旗、西乌珠穆沁旗、鄂伦春自治旗、正蓝旗、新巴尔虎左旗、东乌珠穆沁旗、扎鲁特旗、鄂温克自治旗、巴林左旗、土默特右旗、赛罕区、海南区、四子王旗、元宝山区、卓资县、乌拉特中旗、昆都仑区、凉城县、科尔沁左翼中旗、和林格尔县、科尔沁右翼中旗、太仆寺旗、科尔沁右翼前旗、丰镇市。

（4）四级竞争力旗（县、区）。四级旗（县、区）包括以下：根河市、托克托县、敖汉旗、武川县、清水河县、阿巴嘎旗、察哈尔右翼后旗、库伦旗、苏尼特右旗、化德县、林西县、正镶白旗、苏尼特左旗、石拐区、乌拉特后旗、扎赉特旗、阿荣旗、镶黄旗、阿鲁科尔沁旗、商都县、新巴尔虎右旗、固阳县、莫力达瓦达斡尔族自治旗、乌达区、突泉县、白云区。

第 6 章

提升内蒙古自治区县域旅游竞争力的对策研究

对内蒙古自治区县域旅游竞争力进行评价的目的，是要弄清楚实际竞争力的大小和潜在的竞争潜力的优势所在，从而为内蒙古地区旅游竞争力的保持和提升提供现实依据。通过第 5 章对内蒙古自治区县域旅游竞争力的评价和比较分析发现，第四级旗（县、区）的旅游竞争力最弱，第一级和第二级旗（县、区）的旅游竞争力强，但要在不断发展变化的经济形势下继续保持首位优势，仍然有发展、提升的空间；第三级旗（县、区）的旅游竞争力一般，指标分值较低，为 20 ~ 30 分，需要从旅游区位各个方面提升其竞争力；第四级旗（县、区）旅游竞争力最弱，指标分值均在 20 分以下，更需要加大力度改善和提升各个旅游区位方面的分值。因而，以第 5 章的分析为依据，从提升各个指标体系分值的角度联系实际，本书提出提升内蒙古县域旅游竞争力的对策和建议。

6.1 基于潜力评价的发展对策

分类角度是基于不同类型的旗（县、区）具有不同的优势与劣势特征，因而要针对不同的特征找到重点对策，根据第 5 章相关测度分析的结果，内蒙古自治区旗（县、区）旅游竞争力分为四级。每一级都有其独有的特点，也就有其自己的优化对策。

6.1.1 一级竞争力旗（县、区）旅游发展提高对策

一级竞争力旗（县、区）共同的特征是，旅游竞争力强，表现在旅游资源

区位优越、旅游交通便利、旅游经济发展水平高、旅游市场庞大、城镇化水平高。但是，旅游交通条件、旅游市场条件分值低于旅游资源条件与旅游经济条件分值。

旅游交通区位条件与旅游市场区位条件是旗（县、区）旅游竞争力大小的基础性因素，旅游交通区位主要是通过至景区距离和交通工具选择上影响着游客对旅游目的地的选择。旅游市场区位条件是影响旗（县、区）直接旅游收入的因素，游客增加，旅游收入就会增加。当地居民对于当地旅游业来说是不容忽视的潜在旅游者，当地城镇化水平也会影响到当地居民的旅游行为。

因此，一级竞争力旗（县、区）旅游交通区位与旅游市场区位条件的好坏以及基础设施的规模、类型、水平会直接影响到旗（县、区）旅游的发展以及旗（县、区）的潜在竞争力。因此，提高一级竞争力旗（县、区）的旅游竞争力主要从以下几方面着手：

（1）加强区域间合作，提升旅游形象。从第5章数据分析可以看出，一级竞争力旗（县、区）的旅游区位优势明显，但由于旅游资源的低水平重复建设及盲目的开发，严重影响到旗（县、区）的发展。因此，加强旗（县、区）之间合作，合理安排旅游资源开发，合理建设旅游项目是体现旅游区位优势的重要保证，也是旅游可持续发展的重要保证。通过区域间合作，共同提高一级竞争力旗（县、区）的旅游形象影响力。

（2）开发新型旅游产品，解决旅游淡旺季问题。一级竞争力旗（县、区）共同特点是地处市区或离市区较近，这也是能够具有较好的旅游区位的重要原因，但由于在市区内很难让游客体验到一些户外旅游项目，例如骑马、观赏草原、体验游牧生活等，因此，如何来满足游客在市区无法体验到的旅游产品，这对于一级竞争力旗（县、区）的旅游发展具有重要意义。

内蒙古自治区地处中纬度，属典型的温带大陆性气候区，旅游季节性强，适宜旅游季节短，存在明显淡旺季。最适合旅游黄金季节为6~9月份，每年5月之前和10月之后的大半年时间属旅游淡季，旅游旺季时间短，淡季时间长。为此，应以原有旅游资源为依托，充分挖掘旅游文化内涵，开发适应淡季旅游的新型旅游产品，结合资源特色组织各种节事活动，促进淡季旅游发展。

（3）加强生态环境建设。一级竞争力旗（县、区）旅游业的发展较快，但不容忽视的生态环境的破坏问题也逐渐明显。环境是旅游发展的物质基础，良好的自然环境是旅游业发展的一个先决条件。内蒙古地区是我国北方干旱、半干旱生态脆弱区，环境基础十分薄弱。而旅游开发也必将会对生态环境造成不同程度的影响，游客的进入尤其是当旅游流量超过了旅游环境容量的时候，将对旅游生态环境造成严重破坏[①]。因此，应注意加强生态环境建设，使内蒙古自治区旅游业与生态环境相互协调发展。

6.1.2 二级竞争力旗（县、区）旅游发展提高对策

二级竞争力旗（县、区）共同特征是旅游竞争力较强。但是，可以看出，各方面的区位条件与一级竞争力旗（县、区）相比差距较大。特别是在旅游经济区位方面远不及一级竞争力旗（县、区），主要原因是旅游人数较少、旅游收入较低、道路通达性较差。因此，提高二级竞争力旗（县、区）的旅游竞争力，主要是从旅游经济区位方面着手。

（1）加强旅游资源深度开发，提高旅游资源品质。二级竞争力旗（县、区）旅游人数较少，并且平均游客消费水平不高。游客到达目的地后，消费项目较少。多数客人为一日游，不能留住客人是二级竞争力旗（县、区）旅游经济区位劣势的主要原因。因此要加强对旅游资源的深度开发，特别是文化旅游资源的开发。例如，祭敖包、民俗表演等旅游活动，可以适当迎合现代人的心理需求，从而挖掘新的旅游产品，增加旅游产品种类。

（2）加强旅游交通建设。旅游交通距离较远也是二级竞争力旗（县、区）旅游经济区位差的原因，很多有价值的景区由于距离较远，使游客望而却步。因此，加强区域内旅游交通建设对于区域内旅游业的发展是至关重要的。

（3）加强旅游宣传，扩大旅游知名度。二级竞争力旗（县、区）和一级竞争力旗（县、区）相比，旅游知名度较差，人们往往知道内蒙古自治区市区内的一些知名旅游景区，对于远离市区的旅游景区却知之甚少。因此，旅游宣传会给该等级区域带来生机与活力。

（4）加强基础设施建设投入，提高旅游景区服务水平。二级竞争力旗（县、区）距离市区较远，经济发展相对落后于一级竞争力旗（县、区）。基础设施建设不完善，旅游服务人员水平不高。因此，加强基础设施建设，提高旅游服务人员的服务水平是必不可少的。例如，通过政府协调，实行学校人才与旅游市场有效对接策略，吸纳优秀人才投入区域旅游发展中来。培养出一批熟知当地旅游资源，特别是对本区域历史文化特别熟知的旅游专业人才。

6.1.3 三级竞争力旗（县、区）旅游发展提高对策

三级竞争力旗（县、区）共同特征是旅游竞争力较弱。由第5章数据分析可以看出，三级竞争力旗（县、区）旅游区位条件普遍较差。特别是旅游资源区

---

① 张振国．生态环境脆弱地区旅游开发的环境影响研究——以内蒙古鄂尔多斯市为例［D］．上海师范大学硕士学位论文，2005.

位条件与旅游经济区位条件是制约三级旗（县、区）旅游业发展的重要因素。因此，提高三级旗（县、区）的旅游竞争力要从旅游资源方面与旅游经济方面着手。

（1）加强旅游资源开发，力争增加国家级A级景区数量。三级竞争力旗（县、区）的旅游资源区位分数低于旅游资源区位的平均水平，特别是一些旗（县、区）国家级A级景区非常少。例如，呼和浩特市赛罕区国家级A级景区数0个，包头市昆都仑区、白云区国家级A级景区0个。旅游资源开发少是制约三级旗（县、区）旅游业发展的瓶颈因素。因此，加强旅游资源开发，力争增加国家级A级景区数量，提高区域旅游形象，加快地区旅游业发展是三级竞争力旗（县、区）旅游业发展的必经之路。

（2）提高区域旅游形象，加强与一级竞争力和二级竞争力旗（县、区）区域合作，增加旅游收入。旅游经济区位劣势也是影响二级竞争力旗（县、区）旅游业发展缓慢的重要因素。发挥政府主导作用，招商引资，加大政府对旅游业的扶持作用。加强与一级竞争力和二级竞争力旗（县、区）合作，充分利用一级竞争力和二级竞争力旗（县、区）的辐射带动作用，提升自己的旅游形象，增加游客数量，提高旅游收入，扩大旅游市场，从而加快区域旅游业的发展速度。

（3）加快经济发展，提高第三产业比值。旅游业的发展与当地区域经济发展水平是密不可分的，区域居民是每个区域最大的潜在客源市场。区域居民生活水平直接影响着当地旅游业的发展。

6.1.4 四级竞争力旗（县、区）旅游发展提高对策

四级竞争力旗（县、区）共同特征是旅游竞争力弱。旅游区位分值小于平均分值，旅游区位条件差。因此，提高四级旗（县、区）旅游竞争力要从影响旅游区位的四个因素方面出发。

（1）旅游资源区位条件。四级竞争力旗（县、区）旅游资源区位是最差的，平均分最低。旅游资源丰度不够，旅游资源开发利用较少。四级竞争力旗（县、区）旅游资源的开发以草原、沙漠、湖泊等自然景观为主，文化类旅游资源为辅。通过对自然资源开发利用的辐射作用带动文化旅游。旅游配套开发力度不够，在旅游业的六要素中，娱乐、购物等相对薄弱，旅游产品单一。旅游购物比重长期徘徊在较低水平，进一步开发的空间很大。

（2）旅游交通区位条件。四级竞争力旗（县、区）旅游交通区位条件差，平均分最低。主要原因是该级旗（县、区）至市区距离过远，因此，要多渠道筹集资金，加快旅游交通基础设施建设，调动各方面积极性，拓宽投融资渠道，

增加对旅游交通的投入规模和水平。提高四级竞争力旗（县、区）旅游交通竞争力，从而有利于旅游交通的健康发展。发挥社会各方的力量，国营、民营、合资、外资企业等，加快旅游交通的发展。另外，还可以建立旅游交通建设发展专项资金，争取主管部门的支持。

（3）旅游经济区位条件。四级竞争力旗（县、区）旅游经济区位差，产生的主要原因是游客数量少，旅游收入少，城镇化水平低。因此，提高四级旗（县、区）旅游竞争力，应该充分发挥经济发达区域的辐射带动作用。增长极带动模式是带动区域发展的有效形式。在四级旗（县、区）内，有的旗（县、区）由于经济上落后，很难有植入增长极的地方。也可以利用“点—轴系统”发展模式。在两个发达地区中间形成发达的点，带动中间经济落后区，也是解决四级旗（县、区）经济发展的有效形式。

（4）旅游市场区位条件。四级竞争力旗（县、区）旅游市场区位条件差，是区域旅游业发展的瓶颈因素。因此，扩大宣传促销，提高区域旅游形象就显得尤为重要。利用各种促销工具扩大宣传，凸显区域旅游的独特形象。例如，四级竞争力旗（县、区）可以组织参加大型的国际旅游交易会或博览会，这样就提供了旗（县、区）与旅游组织、旅游者进行交流和交易的机会；也可以在旅游局的资助下举办旅游研讨会，旅游研讨会的会场设在具有竞争力的旅游资源区域，以这种方式就可以直接与旅游服务提供商交流。同时要注重旅游形象口号的提炼，还可以通过征集地区旅游宣传口号、标志等途径来扩大自己的影响力，提高知名度、美誉度。

6.2　进一步提高内蒙古自治区旅游竞争力的方略

6.2.1　转变思想，树立“大旅游、大市场、大产业”的观念

低层次、低水平、重复、掠夺性的旅游资源开发导致内蒙古自治区县域旅游市场恶性竞争严重，例如，达茂旗希拉穆仁草原过多的旅游景点，严重影响了草原景观以及游客对草原的感受，使草原生态环境不断恶化，所以应强化政府的主导作用。实践表明，政府主导发展旅游产业，既是旅游产业成长期的主要经验，也是旅游产业提升期的重要保证。内蒙古自治区县域旅游业发展总体上处于初级阶段，必须强化政府的主导作用，建立政府主导、市场运作、社会参与、部门联动的工作机制，加大组织协调和政策支持力度，有效整合内蒙古自治区县域旅游

产业相关要素，壮大旅游产业规模，合力推动旅游产业发展。按照内蒙古自治区县域旅游业发展的客观要求，统筹考虑内蒙古自治区县域旅游资源的开发、旅游形象的宣传等各项工作，形成内蒙古自治区旅游业的良性循环发展格局。

6.2.2 注重旅游文化方面的挖掘，加快推进内蒙古自治区县域旅游精品战略和资源整合步伐，着力打造龙头旅游景区

文化是旅游的灵魂，没有文化的旅游是不完整的旅游业。内蒙古自治区县域旅游景区要想在激烈的市场竞争中争得一席之地，对蒙古族丰富文化内涵和独特民俗风情旅游资源的挖掘尤为重要。以适应现代生活与审美观念为依据，对内蒙古自治区县域的民族文化、人文景观、自然景观等旅游资源进行整理、研究、定位，将其开发为具有高档次、深内涵、特色鲜明的旅游产品，赋予旅游景区新的生命力，成为与草原旅游资源并驾齐驱的重要旅游产品，实现资源优势向市场优势和经济优势的转变。

6.2.3 加大宣传力度，展示内蒙古自治区旅游形象

采取政府形象宣传和企业产品促销相结合的方式，强化以京津冀地区为核心的主客源市场，不断拓展长三角、珠三角中远程客源市场。为了实现这一目标，可以设计一个有创意、有特色、有文化内涵的旅游形象广告或口号，既能反映出内蒙古自治区各旗（县、区）草原的自然风光，又能体现出深厚的旅游文化内涵。从宏观策划、营销宣传上下大功夫，树立内蒙古自治区旅游总体形象。邀请区内外专家学者、新闻媒体及各界人士分批到内蒙古自治区旅游观光、考察、采风，以内蒙古自治区草原为蓝本发掘、提炼、采写、拍摄文学作品、影视剧本、新闻稿件等，借用这些文艺作品独有的感染力和宣传效应，让内蒙古自治区的旅游形象走出草原、走出内蒙古自治区、走出中国，走向世界。

6.2.4 加强旅游信息化建设

旅游信息化建设，通过现代网络技术，把内蒙古自治区草原旅游形象全方位展示出去，加快各级旅游网站建设。随着科学技术的发展，网络在我们生活中起到了重要作用。因此，内蒙古自治区旅游网络的建设是必不可少的，着力构建内蒙古自治区—旗（县、区）—旅游企业三级网络平台，增加内部办公系统、旅游资源信息发布系统和电子商务服务平台三大功能，形成旅游部门、旅游企业、旅游者之间的信息化互动格局。加强政府旅游部门与游客及旅游企业的互联互通，坚持从游客需求角度出发，调整完善食、住、行、游、购、娱等内容，适时更新，使网站成为推动内蒙古自治区旅游信息化建设的龙头和游客了解内蒙古自

治区旅游产品最便捷、最有效的媒介。

6.2.5 突出主题，打造知名旅游节庆活动

大型旅游节庆活动是挖掘和弘扬文化、扩大宣传、促进交流的有效载体，能为内蒙古自治区旅游业发展创造出更多机会。内蒙古自治区历史文化底蕴深厚，多彩的民族服饰文化、长调文化、搏克文化、马文化等草原传统文化资源，为内蒙古自治区发展旅游经济、办好旅游主题活动奠定了坚实的基础。结合近几年的经验，培育成熟的旅游主题活动，继续打造“天堂草原，魅力青城”、“成吉思汗魂归地，鄂尔多斯蒙古风”、“内蒙古金三角旅游区”等知名旅游品牌，深入挖掘内蒙古自治区民族文化，并与现代旅游有机结合起来，以此为契机，突出地方特色和文化韵味的活动主题，予以重点推介和连续打造，逐步培育成品牌节庆活动。

旅游节庆活动必须出特色、上规模、创品牌，并有好的策划方案，增加市场卖点，通过冠名，指定产品、门票、广告、纪念品等途径吸引民营资本，争取更多经费，保障旅游主题活动能够持续、成功举办。积极举办以狩猎、滑雪、摄影、草原雪地汽车拉力赛等内容为主的冬季旅游主题活动，打造“冰雪那达慕”、“自驾车冲雪大赛”等品牌活动，不断丰富内蒙古自治区冬季旅游产品，逐步打破淡季旅游的坚冰。

6.2.6 发挥内蒙古自治区区位优势，围绕优势旅游产品，扩大区域合作

加强旅游合作，实现互利共赢已是旅游业发展趋势。内蒙古各旗（县、区）要本着“市场主导、开放公平、优势互补、互利共赢”的合作原则，在旅游产品共建、旅游联合促销、旅游信息共享、旅游客源互送等方面加强与周边盟市、省区和国家的旅游合作，共同推进区域旅游业的发展。充分发挥内蒙古自治区区位优势、资源优势，加强北部旅游区与蒙俄的旅游合作；东部旅游区与东北地区的旅游合作；西部旅游区与银川市的旅游合作；南部旅游区与北京市、河北省、山西省等地的旅游合作，共同构建旅游区。主动与毗邻地区制定跨区域的旅游合作规划和景区线路规划，统一进行策划和包装，不断强化地区间和旅游企业之间的合作，实现真正的无障碍旅游。加强旅游合作区域间的高层领导互访和旅游企业负责人、业务客户和新闻媒体记者相互交流。每年召开一次区域协作论坛，由各成员单位轮流承办。

6.2.7 依托内蒙古自治区旅游商品，打造草原文化和旅游商品之都

依托内蒙古自治区丰富的旅游资源，加快内蒙古自治区旅游商品开发步伐，

做好特色餐饮挖掘，打造知名旅游演艺节目，进一步提升旅游业综合效益。在旅游商品开发上，引导各地策划开发一批具有地方标志性文化内涵的旅游纪念品，如蒙古族刺绣、骨、毛、角、皮、玛瑙、马头琴、蒙古袍等手工艺品，蒙古族歌曲唱片、CD及蒙古族特色食品等。扶持一批旅游商品生产企业，建立旅游商品研发、生产、营销基地促进绿色食品、农牧土特产品、传统手工艺品等旅游商品的生产加工，吸纳更多农村牧区富余劳动力并实现增收致富。积极开展旅游商品设计大赛、旅游商品展销会等吸引游客的活动。在旅游餐饮方面，引导各地开发具有地方特色的系列蒙餐，弘扬蒙古族餐饮文化。建设有一定规模、环境优雅、各具特色的旅游餐饮中心区和美食街。组织开展餐饮大赛、餐饮文化展示、烹饪技艺表演和品评等活动，做强内蒙古地区饮食品牌。在丰富旅游娱乐项目方面，与文体部门合作，在各大旅游景区推出具有蒙元文化特色和游牧民族风情，思想性和艺术性相统一的歌舞、曲艺节目，打造旅游演出精品或经典剧目，大力发展旅游景区（点）及旅游酒店参与式文化游娱乐活动，带动旅游娱乐产业发展。

6.2.8 加大旅游软件的投入，提高旗（县、区）旅游服务水平

以建设内蒙古自治区和谐旅游为目标，加强旅游队伍建设，提升旅游服务水平，优化内蒙古自治区旅游软环境。协调全区有关旅游专业学校与旅游市场有效对接，吸纳旅游部门和企业参与职业教育建设，尽快培养出一批熟知当地旅游资源特别是深谙内蒙古自治区历史文化的旅游专业人才和生产服务一线技能型人才。切实加快内蒙古自治区旅游服务中心建设，尽快将其建设成为培训在岗人员的基地。采取灵活多样的培训方式，抓好旅游企业经营者和从业人员的岗前培训、在职培训、转岗培训和职业技能鉴定工作，全力优化旅游行业总体服务水平。

6.2.9 加强旅游生态环境保护，走旅游可持续发展道路

旅游与环境相互依存，互相促进，旅游需要优良的生态环境，旅游能够有效地促进环境保护和生态建设。有效保护生态环境，实行科学的旅游开发、建设、经营、服务和消费行为，是旅游业实现可持续发展的重要途径。为加强内蒙古自治区旅游生态环境保护、改善旅游生态环境质量，实现旅游业的持续、快速、健康发展，可采取以下措施：

（1）加强旅游生态环境保护规划工作。将生态环境保护纳入内蒙古自治区旅游资源开发中。内蒙古自治区各旗（县、区）的旅游发展规划应当明确旅游生态环境保护的目标、任务和主要措施，各类旅游项目的开发建设都要将生态环境保护作为重要组成部分。

（2）加强旅游生态环境保护，积极推动生态旅游。在保护生态环境的基础上积极发展生态旅游。内蒙古自治区各旗（县、区）对森林、草原、湖泊、河流、沙漠、戈壁等自然生态和民族村寨、古物遗迹、特定社区等人文社会生态进行旅游开发，更好地满足人民度假休闲、学习考察、体验感受等旅游消费需求，更好地保护旅游生态环境。

（3）加强旅游生态环境保护和宣传教育。积极开展旅游生态环境保护的宣传、教育与培训。加强旅游科普工作，提高旅游者、旅游治理者和旅游活动其他各方的生态环境保护意识，倡导文明、科学、健康的旅游行为。要加强舆论监督，配合新闻媒体搞好旅游生态环境保护的宣传工作。对在旅游生态环境保护工作中取得突出成绩的，给予表彰和奖励；对于违反国家法律法规，造成旅游区环境污染和生态破坏的，必须予以制止并依法查办。

第7章

结论与讨论

本书按照理论与实践相结合的原则，并采用定性分析与定量分析相结合的方法，对内蒙古自治区县域（101个旗、县、区）旅游竞争力和旅游发展对策进行了系统的评价与研究，得到如下成果。

7.1 内蒙古自治区县域（101个旗、县、区）相关研究的归纳总结

在本书的研究综述部分主要把研究旅游资源区位、旅游交通区位、旅游经济区位、旅游市场区位的文献作为重点，从总体上总结了有关旅游区位的理论研究成果与实践经验成果，其中主要包括旅游区位的发展、科学内涵研究、竞争力评价研究，为本书的撰写奠定了重要的理论基础。

7.2 内蒙古自治区县域（101个旗、县、区）旅游区位条件分析

本书在调查分析了内蒙古自治区旅游区位资料的基础上，从旅游资源区位、旅游交通区位、旅游经济区位、旅游市场区位四个方面出发，并结合增长极、点轴开发、距离衰减等理论，采用赋值等方法，对内蒙古自治区县域（101个旗、县、区）的定性旅游区位条件进行了系统的量化分析。

7.3 内蒙古自治区县域综合评价指标体系的构建

本书针对内蒙古自治区县域旅游现状特点，按照一定的基本原则，并结合学者们的研究成果，从旅游资源区位条件、旅游交通区位条件、旅游经济区位条件、旅游市场区位条件四个方面构建了内蒙古自治区县域旅游竞争力综合评价指标体系。

7.4 内蒙古自治区县域旅游竞争力的综合评价结果

按照已建立的评价指标体系，本书采用层次分析法分析了内蒙古自治区101个旗（县、区）的竞争力，并借鉴前人的划分标准，结合内蒙古自治区的实际情况，把内蒙古自治区101个旗（县、区）分成了四个等级：

（1）一级竞争力旗（县、区）。阿拉善左旗、东胜区、玉泉区、达拉特旗、回民区、伊金霍洛旗、临河区、海勃湾区、阿尔山市、满洲里市、东河区、准格尔旗、磴口县、额济纳旗、克什克腾旗、土默特左旗、乌审旗、宁城县、陈巴尔虎旗、海拉尔区。

（2）二级竞争力旗（县、区）。红山区、霍林郭勒市、新城区、阿拉善右旗、乌拉特前旗、鄂托克旗、额尔古纳市、九原区、喀喇沁旗、鄂托克前旗、科尔沁左翼后旗、科尔沁区、乌兰浩特市、锡林浩特市、开鲁县、达茂旗、多伦县、二连浩特市、杭锦旗、兴和县、翁牛特旗。

（3）三级竞争力旗（县、区）。察哈尔右翼前旗、巴林右旗、扎兰屯市、牙克石市、杭锦后旗、青山区、松山区、奈曼旗、察哈尔右翼中旗、西乌珠穆沁旗、鄂伦春自治旗、正蓝旗、新巴尔虎左旗、东乌珠穆沁旗、扎鲁特旗、鄂温克自治旗、巴林左旗、土默特右旗、赛罕区、海南区、四子王旗、元宝山区、卓资县、乌拉特中旗、昆都仑区、凉城县、科尔沁左翼中旗、和林格尔县、科尔沁右翼中旗、太仆寺旗、科尔沁右翼前旗、丰镇市。

（4）四级竞争力旗（县、区）。根河市、托克托县、敖汉旗、武川县、清水河县、阿巴嘎旗、察哈尔右翼后旗、库伦旗、苏尼特右旗、化德县、林西县、正镶白旗、苏尼特左旗、石拐区、乌拉特后旗、扎赉特旗、阿荣旗、镶黄旗、阿鲁科尔沁旗、商都县、新巴尔虎右旗、固阳县、莫力达瓦达斡尔族旗、乌达区、突泉县、白云区。

7.5 提升内蒙古自治区县域旅游竞争力的对策研究

基于以上的划分结果以及对每级旗（县、区）优势条件和制约因素的分析，本书从分类角度提出了四类旗县区不同的发展对策，又从整体角度提出了提升内蒙古自治区 101 个旗（县、区）竞争力的对策。

此外，由于笔者知识、能力等条件有限，对内蒙古自治区各旗（县、区）旅游区位的研究中以下几点还需进一步研究：

（1）基于内蒙古自治区旅游区位讨论旅游竞争力发展的空间格局和旅游布局，首先需要对世界、全国、地区旅游发展的整体空间格局做出一个概况分析。因为旅游业是一项复杂、联系广泛的综合性活动，它要求在全球以及全国的系统构成中来确立其基本定位，要有全局观。由于数据量大、数据很难收集等原因，本书对全世界、全国及地区的旅游区位定性与定量分析有所欠缺。

（2）旅游区位构成的旅游区位因子很多，如环境、资源、交通、竞争力、民族信仰、历史基础、政府职能，等等。由于很多旅游区位因素难以定量，例如政府区位因素等，所以很难将其进行定量分析与评价。

附　录

附表 1　呼和浩特市旗、县、区 A 级景区调查表

地名	旅游资源单体数量及等级
新城区	清固伦恪靖公主府博物馆（3A） 将军衙署博物院（3A） 大青山太伟运动休闲度假村（4A）
回民区	大青山野生动物园（3A） 乌兰夫同志纪念馆（3A） 内蒙古青少年生态示范园（3A） 呼和浩特市蒙亮民族风情园景区（3A） 乌素图森林旅游娱乐开发区（3A）
玉泉区	昭君博物院（4A） 大召（3A） 席力图召（3A） 五塔寺（3A） 东方甘迪尔蒙古风情园（3A）
赛罕区	0
土默特左旗	呼和浩特市白石旅游景区（3A） 乌兰夫故居（3A） 伊利工业旅游景区（4A） 敕勒川草原文化旅游园区（4A） 哈素海旅游度假村（3A）
托克托县	神泉生态旅游景区（4A）
和林格尔县	蒙牛工业旅游景区（4A） 盛乐博物馆（3A）
清水河县	云滚洞避暑山庄（2A）
武川县	哈达门国家森林公园（3A）

附表 2 包头市旗、县、区 A 级景区调查表

地名	旅游资源单体数量及等级
东河区	包头市妙法禅寺（3A） 包头南海湿地景区（4A）
昆都仑区	石门风景区（3A）
青山区	包头轻工学院景区（2A） 北方兵器城（3A）
石拐区	五当召（4A）
白云区	0
九原区	梅力更生态环境开发有限公司（3A） 新世纪青年生态园（3A） 青鸟养生庄园（4A）
土默特右旗	敕勒川博物馆（3A） 美岱召（4A）
固阳县	内蒙古春坤山生态旅游景区开发有限公司（3A）
达茂旗	希拉穆仁绿草情缘旅游有限公司（2A） 蒙古人度假村（2A） 吉穆斯泰旅游景区（2A） 内蒙古华宇房车营地（2A） 哈布图哈萨尔景区（2A） 满都拉口岸旅游区（2A） 百灵那达慕文化产业园（3A）

附表 3 鄂尔多斯市旗、县、区 A 级景区调查表

地名	旅游资源单体数量及等级
东胜区	绿梦苑山庄（2A） 鄂尔多斯市大秦避暑山庄（2A） 广稷农耕博物馆（3A） 东胜中华文明史艺术城（3A） 九城宫生态园（4A） 东联秦道城（4A） 鄂尔多斯野生动物园（4A）

续表

地名	旅游资源单体数量及等级
达拉特旗	响沙湾 5A 恩格贝生态示范基地 4A 释尼召沙漠绿海乐园 4A 昭君城旅游区 3A 窝阔台旅游区 3A
准格尔旗	水镜湖休闲度假旅游区（4A） 准格尔召旅游区（4A） 油松王旅游区（3A）
鄂托克前旗	鄂尔多斯市上海庙草原文化旅游区（3A） 大汗行宫生态旅游区（3A） 鄂尔多斯文化旅游村（4A） 鄂尔多斯市大沙头文化旅游区（4A）
鄂托克旗	苏里格庙旅游区（2A） 锦世温泉度假村（2A） 鄂尔多斯市碧海阳光温泉度假旅游区（3A） 布龙湖温泉度假区（4A）
杭锦旗	七星湖沙漠生态旅游区（4A） 鄂尔多斯草原旅游区（3A） 黄河三盛公国家水利风景区（3A） 库布齐神光响沙旅游区（2A）
乌审旗	沙海生态旅游度假庄园（2A） 福海蒙古城生态旅游区（3A） 乌审召庙旅游区（3A） 银海旅游度假村（3A） 成吉思汗察罕苏力德游牧生态旅游区（4A） 萨拉乌苏旅游区（4A）
伊金霍洛旗	成吉思汗陵（5A） 天福祥生态旅游区（3A） 神东绿洲宾馆旅游区（2A） 吉祥福慧寺（2A） 陶亥召（新庙）（2A）

附表 4 呼伦贝尔市旗、县、区 A 级景区调查表

地名	旅游资源单体数量及等级
海拉尔区	哈克文化遗址公园（2A） 海拉尔西山国家森林公园（3A） 呼伦贝尔古城（3A） 世界反法西斯战争海拉尔纪念园（4A） 海拉尔农业发展园区（4A）
阿荣旗	阿荣旗抗联英雄园（2A） 阿荣旗仙人洞旅游度假山庄（2A）
莫力达瓦达斡尔族自治旗	达斡尔民族博物馆（2A） 中国达斡尔民族园（4A）
鄂伦春自治旗	嘎仙洞旅游区（2A） 鄂伦春博物馆（2A） 阿里河国家森林公园（2A） 布苏里旅游度假山庄（4A）
鄂温克自治旗	鄂温克五泉山旅游区（2A） 鄂温克旗晨光生态园（2A） 鄂温克博物馆（2A） 巴彦呼硕旅游区（3A） 红花尔基森林公园（4A）
陈巴尔虎旗	陈巴尔虎旗民族博物馆（2A） 呼伦贝尔市伊利呼伦贝尔牧场（2A） 胡列也吐度假村（2A） 呼伦贝尔市一代天骄中电生态文化景区（3A） 呼和诺尔旅游景区（4A） 金帐汗旅游部落（4A）
新巴尔虎左旗	甘珠尔庙（3A） 诺门罕旅游景区（3A） 新巴尔虎左旗巴尔虎蒙古部落（4A）
新巴尔虎右旗	新巴尔虎右旗贝尔湖景区（A） 新巴尔虎右旗博物馆（2A） 呼伦湖金海岸旅游区（2A）
满洲里市	0
牙克石市	牙克石巴林喇嘛山旅游区（2A） 图里河鹤祥园度假村（2A） 绰源国家森林公园（3A） 牙克石市云龙山庄（3A）

续表

地名	旅游资源单体数量及等级
扎兰屯市	扎兰屯金龙山滑雪场（2A） 呼伦贝尔中东铁路博物馆（2A） 扎兰屯鹿鸣山庄（3A） 扎兰屯吊桥公园（4A）
额尔古纳市	呼伦贝尔市根河桥景区（A） 额尔古纳弘吉剌部景区（2A） 额尔古纳临江原生态公园（2A） 额尔古纳室韦名镇景区（2A） 哈乌尔河景区（2A） 额尔古纳湿地景区（3A） 莫尔道嘎国家森林公园（4A）
根河市	根河敖鲁古雅使鹿部落（3A） 根河伊克萨玛国家森林公园（3A）

附表 5 兴安盟旗、县、区 A 级景区调查表

地名	旅游资源单体数量及等级
乌兰浩特市	安盟乌兰浩特市工业经济开发区（2A） 内蒙古民族解放纪念馆（2A） 龙凤源旅游度假区（2A） 乌兰浩特成吉思汗庙景区（3A）
阿尔山市	阿尔山白狼峰景区（3A） 阿尔山—柴河旅游景区（4A） 阿尔山海神圣泉旅游度假区（4A）
科尔沁右翼前旗	科右前旗兴安村第一党支部（3A） 兴安蒙古包旅游村（3A）
科尔沁右翼中旗	兴安盟科右中旗翰嘎利湖生态景区（2A） 兴安盟科右中旗蒙格罕山生态旅游景区（2A） 兴安盟科右中旗博物馆（2A）
扎赉特旗	兴安盟扎赉特旗天府园旅游休闲山庄（2A） 扎赉特旗多兰湖公园（2A）
突泉县	兴安盟突泉明星水库度假区（2A）

附表 6　通辽市旗、县、区 A 级景区调查表

地名	旅游资源单体数量及等级
科尔沁区	通辽市博物馆（3A） 吉祥密乘大乐林寺（3A）
科尔沁左翼中旗	通辽市珠日河草原旅游区管理处（3A） 通辽市孝庄园文化旅游区（4A）
科尔沁左翼后旗	阿古拉草原旅游区（2A） 通辽市僧格林沁景区（2A） 大青沟国家级自然保护区（4A）
开鲁县	开鲁县麦新烈士陵园（2A） 开鲁县古榆园（3A） 开鲁县牵手草原度假村（3A） 开鲁县麦新纪念馆（3A）
库伦旗	库伦三大寺（4A）
奈曼旗	青龙山洼旅游区（2A） 奈曼王府（3A） 银砂九岛（3A）
扎鲁特旗	扎鲁特东湖旅游区（2A） 老乡山庄旅游区（3A） 扎旗山地草原旅游区（3A）
霍林郭勒市	通辽市霍林郭勒市鸿雁湖旅游区（2A） 霍林郭勒市观音山旅游区（2A） 霍林郭勒市静湖度假村（2A） 霍林郭勒市辉特淖尔草原旅游区（3A） 敖包相会可汗山草原旅游区（4A）

附表 7　赤峰市旗、县、区 A 级景区调查表

地名	旅游资源单体数量及等级
红山区	植物园（2A） 赤峰南山生态园（2A） 红山国家森林公园（2A） 道谷南山生态旅游度假区（3A）
元宝山区	0

续表

地名	旅游资源单体数量及等级
松山区	哈斯陆生态园（2A） 赤峰市海贝尔文化娱乐服务有限公司（3A）
阿鲁科尔沁旗	0
巴林左旗	召庙景区（3A） 赤峰市巴林左旗辽上京博物馆（3A）
巴林右旗	荟福寺（2A） 赛罕乌拉风景名胜区（3A） 巴林石博物馆（3A）
林西县	0
克什克腾旗	地质公园博物馆（3A） 阿斯哈图石林（4A） 达里湖（4A）
翁牛特旗	红山湖旅游区（2A） 玉龙沙湖景区（3A）
喀喇沁旗	马鞍山国家森林公园（3A） 马鞍山红酒庄园（3A） 喀喇沁旗王府博物馆（4A） 赤峰美林谷滑雪有限公司（4A）
宁城县	宁城县大辽猎苑景区（2A） 宁城县杜鹃山景区（2A） 宁城县藏龙谷景区（2A） 赤峰市辽中京旅游发展有限公司（2A） 宁城国家地质公园博物馆（2A） 道虎沟古生物化石保护馆（2A） 赤峰市道须沟景区（4A）
敖汉旗	0

附表 8　锡林郭勒盟旗、县、区 A 级景区调查表

地名	旅游资源单体数量及等级
二连浩特市	二连浩特市国门旅游景区（3A） 二连盆地白垩纪恐龙地质公园（4A）
锡林浩特市	贝子庙旅游景区（4A） 葛根敖包度假村（2A）

续表

地名	旅游资源单体数量及等级
阿巴嘎旗	锡林郭勒盟阿巴嘎旗查干朝鲁图珠洒乐（2A） 锡林郭勒盟阿巴嘎旗别力古台札桑旅游景区（3A）
苏尼特左旗	锡林郭勒盟苏尼特左旗探马赤大宫（2A）
苏尼特右旗	0
东乌珠穆沁旗	锡林郭勒盟乃林郭勒度假村（2A） 锡林郭勒盟东乌珠穆沁旗乌里雅斯太旅游景区（3A） 锡林郭勒盟博力彦神泉旅游度假村（3A）
西乌珠穆沁旗	锡林郭勒盟西乌珠穆沁旗乌兰五台景区（3A） 锡林郭勒盟蒙古汗城旅游景区（4A）
太仆寺旗	锡林郭勒盟太旗御马苑旅游区（4A）
镶黄旗	锡林郭勒盟蒙古马文化博物馆（2A） 镶黄旗哈音海尔瓦庙旅游景区（2A）
正镶白旗	0
正蓝旗	锡林郭勒盟正蓝旗阿格腾艾里度假村（2A） 锡林郭勒盟正蓝旗元上都博物馆（3A）
多伦县	锡林郭勒盟山西会馆（2A） 锡林郭勒盟多伦县滦源殿旅游度假村（2A） 锡林郭勒盟南沙梁（2A） 锡林郭勒盟多伦湖景区（4A）

附表 9　乌兰察布市旗、县、区 A 级景区调查表

地名	旅游资源单体数量及等级
集宁区	霸王河风景区（3A） 集宁战役馆（3A） 内蒙古伊利实业集团股份有限公司乌兰察布乳品厂（3A） 集宁国际皮革城（4A）
卓资县	卓资县红石崖寺旅游区（3A）
化德县	0
商都县	0
兴和县	察尔湖生态旅游度假区（4A） 乌兰察布市苏木山景区（4A）
凉城县	岱海旅游中心（4A）

续表

地名	旅游资源单体数量及等级
察哈尔右翼前旗	0
察哈尔右翼中旗	窝阔台汗宫旅游度假中心（3A） 草原明珠度假中心（3A） 外事旅游度假中心（3A） 辉腾锡勒黄花沟草原旅游区（4A）
察哈尔右翼后旗	0
四子王旗	巴彦塔拉旅游城（2A） 淖干塔拉蒙古营度假村（2A） 淖干诺尔草原旅游度假区（2A） 内蒙古四子王旗格根塔拉草原旅游有限责任公司（3A）
丰镇市	0

附表 10　巴彦淖尔市旗、县、区 A 级景区调查表

地名	旅游资源单体数量及等级
临河区	巴彦淖尔市临河区慈云寺（2A） 巴彦淖尔市浩彤现代农业观光旅游园区（2A） 巴彦淖尔市临河区浩澎班禅召农业观光园（2A） 巴彦淖尔市临河区四季青高科技农业观光园（2A） 巴彦淖尔市临河区青清湖旅游景区（2A） 巴彦淖尔市青少年科技馆（2A） 巴彦淖尔市镜湖水源地湿地生态保护工程（2A） 巴彦淖尔市地质博物馆（3A） 巴彦淖尔市临河区甘露寺（3A） 河套湿地景区（4A）
五原县	五原抗战纪念园（2A） 冯玉祥誓师纪念广场（2A） 四大股普济寺（2A） 塔尔湖休闲度假村（2A） 河神湖（天籁湖）旅游景区（2A） 五原历史文化博物馆（3A）

续表

地名	旅游资源单体数量及等级
磴口县	磴口县博物馆（2A） 磴口县镜海旅游度假村（2A） 云海秋林生态休闲度假区（2A） 游牧一族苁蓉生态园（2A） 冬青湖旅游景区（3A） 磴口县蒙牛乳业工业游园区（3A） 纳林湖生态旅游区（4A）
乌拉特前旗	乌拉特前旗乌梁素海生态旅游度假村（2A） 乌拉特前旗乌拉山国家森林公园（2A） 乌拉特前旗乌拉特部落（3A） 内蒙古乌拉特前旗公田农庄（3A） 维信国际高尔夫度假村（4A）
乌拉特中旗	温根塔拉旅游接待中心（2A） 乌拉特中旗风蚀冰臼地质公园（2A） 乌拉特中旗博物馆（2A） 海流图镇生态园（2A）
乌拉特后旗	善达古庙（2A） 同歌乐歌景观河景区（2A）
杭锦后旗	杭锦后旗塞上春光绿色农业观光园（2A） 杭锦后旗塞上园旅游区（3A） 走西口民俗第一村（3A） 内蒙古酒文化博物馆（4A）

附表 11　乌海市旗、县、区 A 级景区调查表

地名	旅游资源单体数量及等级
海勃湾区	乌海科学技术馆（2A） 乌海煤炭博物馆（2A） 乌海蒙古族家居博物馆（2A） 乌海市植物园（2A） 青山翰墨园（2A） 汉森庄园（3A） 甘德尔山旅游区（3A） 金沙湾旅游区（4A）
海南区	满巴拉僧庙（3A）
乌达区	0

附表 12 阿拉善盟旗、县、区 A 级景区调查表

地名	旅游资源单体数量及等级
阿拉善左旗	阿拉善盟贺兰山福因寺景区（3A） 阿拉善盟乌日斯草原文化旅游区（3A） 阿拉善博物馆（3A） 金沙生态旅游区（3A） 定远营古城管理中心（3A） 阿拉善左旗广宗寺（南寺）旅游区（4A） 腾格里沙漠月亮湖景区（4A） 阿拉善盟腾格里通湖草原旅游区（4A）
阿拉善右旗	阿拉善右旗博物馆（2A） 巴丹吉林沙漠旅游区（4A）
额济纳旗	额济纳博物馆（2A） 胡杨林旅游区（4A）

参考文献

[1] Thunen J. H. Von. 孤立国同农业和国民经济的关系 [M]. 吴衡康译. 北京：商务印书馆，1997.

[2] Weber A. 工业区位论 [M]. 李刚剑等译. 北京：商务印书馆，1997.

[3] Loseh A. 经济空间秩序 [M]. 王守礼译. 北京：商务印书馆，1995.

[4] Christaller W. 德国南部中心地原理 [M]. 常正文，王兴中等译. 北京：商务印书馆，1998.

[5] Berry B. J. L. Garriso The funetionalbasesoftheeentalplaeeierarehy [A]. Eeonomie Geography [C]. 2955. 145 –254.

[6] 李小建等. 经济地理学 [M]. 北京：高等教育出版社，1999.

[7] Smith D. M. Industricalloeation: Aneeonomi Geographiealanalysis [M]. New York: John Wiley & Sons，1971.

[8] Pred A. Behaviourandloeation: foundationsforageogra Phieanddynlocationtheory (I) [D]. Loud: CWKGleerup，1967.

[9] 洪开荣. 空间经济学的理论发展 [J]. 经济地理，2002，22 (1): 1 –4.

[10] 胁田武光. 观光立地论 [I]. 大明堂，1995.

[11] 杨吾扬. 区位论原理 [M]. 兰州：甘肃人民出版社，1989: 1 –268.

[12] 王衍用. 区域旅游开发战略研究的理论与实践 [J]. 经济地理，1999，19 (2): 116 –119.

[13] 骆静珊，陶犁. 利用区位优势发挥昆明旅游中心城市功能 [J]. 旅游学刊，1993，(6): 26 –30.

[14] 陆大道. 区位论与区域研究方法 [M]. 北京：科学出版社，1988.

[15] 吴必虎. 区域旅游规划原理 [M]. 北京：中国旅游出版社，2001.

[16] 顾朝林. 中国城市地理 [M]. 商务印书馆，1999.

[17] 闫永兵，李恒辉. 关于旅游圈的理论探讨 [J]. 湘潭大学社会科学学

报，1999（6）：135－137.

［18］李君轶．旅游地学研究重点及发展趋势分析［J］．山西师范大学继续教育学报，2001，18（4）：116－118.

［19］徐建华．现代地理学中的数学方法［M］．北京：高等教育出版社，2004（6）：224－230.

［20］张秉福．旅游非优区位要素与开发分析［J］．贵州商业高等专科学校学报，2006（3）：135－137.

［21］刘世生，张文奎，张文忠．区位论［M］．江苏教育出版社，1999.

［22］李小建，李国平等．经济地理学［M］．高等教育出版社，1998.

［23］杨吾扬，梁进社．高等经济地理学［M］．北京大学出版社，1997.

［24］张守艳．区域旅游发展中的区位条件分析——以黑龙江省三江地区为例［J］．佳木斯大学社会科学学报，2004.

［25］陆大道．区位论与区域研究方法［M］．北京：科学出版社，1988.

［26］Schmidt－Renner G. 经济地理学基础理论（1961年）［M］．经济地理研究会译．东京：古今书院，1970（日文）．

［27］西岗久雄．经济地理分析增补版［M］．东京：古今书院，1986，21－52.

［28］Triee，A. H. et al. Measurementofreereationbenefits. Land Eeonomies，1958，367－369.

［29］高卫国．关于旅游空间格局与旅游区位的思考［J］．思想战线，2001（3）：9－16.

［30］中国生态旅游研讨会召开［N］．中国旅游报，1995－3－16.

［31］于正东，易必武．湖南西部民族地区旅游支柱产业的发展途径［J］．吉首大学学报（自然科学版），2003（4）：15－22.

［32］杨瑞霞．我国县域旅游的规划与发展分析［J］．商业经济，2004，（12）：109－111.

［33］郭鲁芳．县域旅游经济制度变迁的实证分析——以杭州地区二县市为例［J］．旅游学刊，2004，19（2）：22－25.

［34］唐代剑．论县域旅游形象定位及旅游产业发展——以浙江宁海为例［J］．商业经济与管理，2005（1）：76－79.

［35］李承宗，蓝甲云．对发展湖南县域旅游文化产业的思考［J］．财经理论与实践，2003，24（124）：70－72.

［36］黄玲．论县域旅游发展的文化创新［J］．湖南省社会主义学院学报，2004（4）：49－51.

[37] 石朝平．完善县域旅游发展规划的途径［J］．旅游科学，2000（4）：13－15.

[38] 孙玉琴．江西县域旅游业发展中存在的问题及对策［J］．江西社会科学，2001（12）：218－220.

[39] 田勇．江西县域旅游业战略发展取向研究［J］．江西行政学院学报，2001，3（4）：50－51.

[40] 张干．用旅游带动县域经济的大发展——武隆县旅游发展的新思路［J］．农村经济，2002（12）：62－64.

[41] 徐飞雄，刘娟．论我国县域旅游经济合作［J］．衡阳师范学院学报，2005（3）：120－123.

[42] 田道勇．浅谈旅游可持续发展［J］．人文地理，1996，11（2）：12－15.

[43] 刘丽梅．旅游业发展的区位理论探讨［J］．内蒙古财经学院学报，2003（1）：15－18.

[44] 卢云亭．生态旅游与可持续旅游发展［J］．经济地理，1996（1）：106－112.

[45] 郭来喜．中国生态旅游——可持续旅游的基石［J］．地理科学进展，1997（4）：1－10.

[46] 宋伟良．生态旅游——我国旅游业可持续发展的主要方向［J］．中南财经政法大学学报，2003（4）：55－59.

[47] 谷明．旅游经济的可持续发展探讨［J］．桂林旅游高等专科学校学报，2000，11（2）：66－70.

[48] 司金莺．中国可持续旅游消费理论问题探讨［J］．社会科学，2001（10）：20－24.

[49] 刘亭立，赵小丽．可持续旅游发展的经济学分析工具——外部性理论［J］．北京第二外国语学院学报，2002（4）：45－47.

[50] 明庆忠，范斌．旅游业可持续发展的经济伦理学思考［J］．云南师范大学学报，2003，35（1）：122－124.

[51] 傅万有，王文元．神秘的鄂尔多斯［M］．呼和浩特：内蒙古人民出版社，2003.

[52] 张金山．中国县域经济导论［M］．杭州：杭州大学出版社，1997.

[53] 黄安民．县级旅游发展规划的理论与实践［M］．河北：河北教育出版社，2001.

[54] 张辉，厉新建．旅游经济学原理［M］．北京：旅游教育出版

社，2004.

［55］王凯．中国县域旅游发展理论与实践研究［M］．西安：西安地图出版社，2006.

［56］盖尔·詹宁斯，谢彦君，陈丽．旅游研究方法［M］．北京：旅游教育出版社，2007.

［57］倪鹏飞等．中国城市竞争力报告 No.1［M］．北京：社会科学文献出版社，2003.

［58］吴必虎．区域旅游规划原理［M］．北京：中国旅游出版社，2001.

［59］王衍用，曹诗图．旅游策划理论与实务［M］．北京：中国林业出版社，2008.

［60］谢彦君．基础旅游学［M］．北京：中国旅游出版社，1999.

［61］张辉．转型时期中国旅游产业环境、制度与模式研究［M］．北京：旅游教育出版社，2005.

［62］聂华林，王成勇．区域经济学通论［M］．北京：中国社会科学出版社，2006.

［63］黎鹏．区域经济协同发展研究［M］．北京：经济管理出版社，2003.

［64］张述林．县域旅游发展规划理论与实践［M］．重庆：重庆出版社，2005.

［65］刘俊杰．县域经济发展与小城镇建设［M］．北京：社会科学文献出版社，2005.

［66］杜江，向萍．关于乡村旅游可持续发展的思考［J］．旅游学刊，1999（1）：15－18.

［67］丁雪．鄂尔多斯地区旅游资源评价与 GIS 辅助分析研究［D］．内蒙古师范大学硕士学位论文，2006（12）.

［68］郭来喜，吴必虎，刘锋等．中国旅游资源分类系统与类型评价［J］．地理学报，2000，55（3）：294－301.

［69］蒙吉军，吴秀芹．包头市旅游资源及其空间结构评价［J］．干旱区资源与环境［J］.2004，18（4）：6－9.

［70］孙根年．论旅游业的区位开发与区域联合开发［J］．人文地理，2001（4）：5－12.

［71］张聪，但文红．黔东南州旅游交通通达性研究［J］．重庆科技学院学报（社会科学版），2009（1）：1－9.

［72］郑国，赵群毅．山东半岛城市群主要经济联系方向研究［J］．地域研究与开发，2004（5）：51－54.

[73] 苗长虹，王海江. 河南省城市的经济联系方向与强度——兼论中原城市群的形成与对外联系 [J]. 地理研究，2006 (2)：222-232.

[74] 李振全，杨万钟，陆心贤. 中国经济地理 [M]. 上海：华东师范大学出版社，1999.

[75] 朱舜. 县域经济学通论 [M]. 北京：人民出版社，2001.

[76] 樊贞. 基于区位论的县域旅游空间结构研究——以湖南资兴为例 [D]. 湘潭大学硕士学位论文，2008.

[77] 赵晓兰. 巴彦淖尔市小旗（县、区）竞争力评价与发展对策研究[D]. 内蒙古师范大学硕士学位论文，2005.

[78] 徐建华. 现代地理学中的数学方法 [M]. 北京：高等教育出版社，2004.

[79] 张振国. 生态环境脆弱地区旅游开发的环境影响研究——以内蒙古鄂尔多斯市为例 [D]. 上海师范大学硕士学位论文，2005.